스마트폰 시대의 우리 아이 공부법
포노사피엔스는 거꾸로 공부한다

스마트폰 시대의
우리 아이 공부법

포노사피엔스는
거꾸로
공부한다

최승복 지음

지식 스트리밍 시대,
새로운 학습자 포노사피엔스가 온다!

메디치

포노사피엔스 자녀를 대하는 부모의 지혜

대한민국의 학부모는 괴롭습니다. 무한경쟁의 대학입시에서 아이들이 뒤처지면 안 된다는 강박감에 시달리고, 가정 살림에 경제적인 부담을 주는 사교육비 때문에 어깨가 짓눌립니다. 게다가 4차 산업혁명의 여파로 불어닥친 스마트 기기와 코딩, 인공지능의 열풍 속에서 아이들을 어떻게 가르쳐야 할지 도무지 갈피를 잡을 수가 없습니다. 날마다 아이들과 스마트폰, 게임, SNS 등을 놓고 다투다 보면 몸과 마음이 너덜너덜해집니다.

도대체 이런 상황은 왜 닥친 것이고 누가 만든 것일까요? 아이를 키우는 대한민국의 부모는 무엇을 어떻게 해야 할까요? 교육정책기획자이자 행정가이자 학부모로서 저는 이 문제를 오랫동안 고민해왔습니다. 이 책에서 저는 그 고민과 함께 제가 생각한 해법을 풀어내고자 합니다.

현재 대한민국의 학교교육은 세 가지 큰 도전적인 변화에 직면해 있습니다.

첫 번째는 '학습동기의 부재'입니다. 학생들이 학습동기가 없는 상태로 학교와 학원으로 떠밀려 다니고 있습니다. 가난한 후진국이던 시절에 학생들은 궁핍을 벗어나 잘사는 삶을 향한 유일한 탈출구는 공부밖에 없다고 생각하고, 극기의 자세로 학교공부에 매진했습니다. 하지만 세계 10대 경제대국, 1인당 국민소득 3만 달러 시대를 살아가는 아이들에게 부모 세대가 가졌던 학습동기 같은 것은 기대하기 어렵습니다. 학습하는 과정 그 자체가 즐겁고 재미있어 학생들이 자신도 모르게 몰입하도록 지도할 수 있는 학교만이 아이들에게 학습동기를 부여할 수 있을 것입니다.

두 번째는 '지식 스트리밍 시대'의 도래입니다. 지식과 정보가 디지털화되고 네트워크로 연결되면서 모두 스마트 기기를 통해 언제 어디서나 지식과 정보를 스트리밍 받을 수 있게 된 것입니다. 새로운 학습자 포노사피엔스의 등장입니다. 지식 스트리밍 시대에 접어들면서 학교교육은 그동안 보장받았던 지위와 역할에 커다란 변화를 맞이하게 되었습니다. 획일적으로 정해진 교육과정과 표준화된 지식을 담은 교과서를 통해 학생들을 가르치던 방식이 더 이상 학생들과 사회에 받아들여지지 않는 상황에 직면했습니다.

세 번째는 '욕망의 시대'가 시작되었다는 것입니다. 신분과 종교가 개인을 규정하던 전근대사회 신분의 시대, 직업과 직장으로 자신을 대표하던 근대산업사회 직업의 시대를 지나, 개개인이 자신의 욕망을 드러내는 포스트모던사회 욕망의 시대가 시작되었습니다. 이제 학교와 교육도 학생 개개인의 욕망과 지향점에 주의를 기울이고, 각자의 개개인성을 발휘하고 실현할 수 있는 교육 실천, 새로운 학습 플랫폼 제공을 요청받고 있습니다.

이러한 세 가지 변화는 우리의 교육 현장을 뿌리째 흔들고 있습니다. 그렇다면 학교와 우리 교육체제는 변화에 적절하게 대응하고 있을까요? 아닙니다. 전혀 그렇지 못합니다. 새로운 변화에 유연하게 대응해야 하는 한국교육은 오히려 낡은 체제에 붙잡혀 경직되고 갈피를 잡지 못하고 있습니다. 학부모들로서는 매우 답답한 상황입니다.

우선 중간고사, 기말고사 그리고 수능 중심의 평가체제 등 여전히 경전을 통째로 외우던 암기 중심의 전근대적 학습방식을 강요하는 시험체제가 문제입니다. 다음으로 개개인의 소질과 욕망과는 아무런 관련도 없는 국가주의적 교육과정과 그 운영체제도 문제입니다. 디지털 네트워크 지식 세계를 스마트 기기로 종횡무진 누비는 포노사피엔스들을 교과서와 수능 문제집 안에 가둬두는 학교운영체제는 학생들을 질식시키고 학부모를 혼란에 빠뜨리고 있습니다.

저는 학교와 학부모들이 직면하고 있는 세 가지 도전적인 변화에 대응하는 방법을 탐색해왔습니다. 새로운 학교운영체제를 형성하기 위해, 스스로 자신의 길을 열어가는 자녀와 행복한 부모로 관계 맺고 살아가기 위해 우리에게 무엇이 필요한지…. 그 탐색의 결과물이 바로 이 책입니다.

1장에서는 전통적인 학습동기가 더 이상 작동하지 않는 포노사피엔스들에게 어떻게 학습동기를 부여할 것인지 해법을 제시했습니다. 2장에서는 디지털 네트워크 지식 세계, 지식 스트리밍 시대를 살아가는 포노사피엔스들에게 적합한 학습체제는 어떻게 구축되어야 하는지에 대한 저의 제안을 정리하여 제시했습니다. 그리고 3장에서는 포스트모던사회, 욕망의 시대를 살아가는 포노사피엔스 자녀를 대하는 학부모의 지혜는 무엇인가에 관한 제 생각과 경험을 공유했습니다.

이 책은 교육정책기획자이자 행정가이자 학부모로서 저의 체험과 지식을 활용해 제가 의문을 가졌던 문제에 대해 나름대로 작성한 답안입니다. 이 답이 반드시 모범 답안이라 말할 수는 없습니다. 그러나 제가 던진 문제와 제시한 답을 통해 여러분이 질문을 던지고 나름대로 해답을 찾아나가게 된다면 이 책을 쓴 저자로서 의미 있는 일이 아닐까 합니다.

끝으로 이 책을 준비하고 쓰면서 끊임없이 머릿속을 채웠던 생각을 이 책을 읽는 여러분과 나누고자 합니다.

"삶은 1인칭이다."

"아이들에게 타인의 욕망을 욕망하게 하지 말자."

"장미에게 왜 튤립이 아니냐고 말하지 말자."

2022년 12월
최승복

지금까지의 어떤 교육론과도 다르다! 최승복 저자는 "스마트폰을 끼고 자란 아이들은 어떻게 다른가?"에서 출발한다. 미래의 교육을 개념이나 원리가 아니라 새로운 세대의 '감수성'에서 풀어가려 한다. 책장을 넘길수록 참신하면서도 설득력 있는 그의 시각에 점차 빠져들게 된다.

-이범(교육평론가)

최승복 저자는 내가 만난 공무원 중에서 가장 혁신적인 행정가다. 동시에 그는 누구보다 치밀하게 계획하고 집행하는 공무원이다. 이번에 낸 책은 그가 한국 교육의 미래를 내다보는 시야와 근본적인 변화를 향한 통찰력을 꾸준히 벼려왔다는 사실을 보여준다. 그는 '포노사피엔스'라는 화두에 대해 오랫동안 고민했다. 그래서 부모와 교사와는 다른, 새로운 세대의 특징에 대해 깊이 이해하고 있다. 이 책에서 저자는 포노사피엔스 세대에 어울리는 새로운 학습법과 교육정책, 학교운영체제를 제안한다. 특히 지식정보 환경의 변화를 '지식 스트리밍' 개념으로 분석한 대목은 더 많은 사람과 함께 고민해야 한다고 본다.

　흔히 대한민국 학부모는 세계에서 가장 힘들다고 한다. 사교육비 부담 때문이기도 하지만, 한국 사회가 압축 성장을 해왔던 까닭에 세대 간 격차가 워낙 큰 탓도 있다. 가난하게 자랐던 부모 세대와 이미 선진국이 된 한국에서 태어난 자식 세대의 갈등은 흔한 일이다. 이 책은 학부모들이 '포노사피엔스' 세대와 행복한 관계를 만들기 위한 행동 지침도 소개한다. 그 방향은 아주 근본적인 변화를 가리키지만, 그 내용은 매우 구체적이고 실용적이다. 이 책이 포노사피엔스와 불화하는 학교와 날마다 전운이 감도는 가정에 모두가 윈-윈하는 제3의 길, 행복한 관계 맺기를 위한 안내서가 될 것이라 믿는다. 모든 학부모와 교사에게 일독을 권한다.

-조희연(전 성공회대 교수)

차례

CHAPTER

01

포노사피엔스: 학습의 미래

21세기의 뉴튼, 인공지능 시대의 아인슈타인은
디지털 네트워크 지식 플랫폼이라는 거인의 어깨 위에
올라서서 놀고 있는 포노사피엔스들입니다.

①

포노사피엔스는 누구인가

···• 스마트폰과 일체화되다

포노사피엔스는 1990년 이후 출생한 밀레니얼 세대와 Z세대 그리
고 그 자녀들을 통칭합니다. 포노사피엔스는 민주화 세대의 부모
밑에서 청소년기를 보냈고, 대한민국 정보통신산업이 폭발적으로
성장하던 시대에 중·고등학교 혹은 대학교를 다녔습니다. 이들은
인터넷, 컴퓨터, 네트워크, 스마트 기기 등을 일상적으로 사용하며
자란 세대입니다. 사회적으로는 권위주의 문화의 쇠퇴, 자치, 자율
과 민주적 조직운영이 일반화되어 가는 시기에 학교를 다니고, 사

회생활을 시작하는 세대입니다.

　포노사피엔스의 '포노'는 전화기[phone], '사피엔스'는 우리 인류가 '생각하는 존재'라는 의미의 '호모 사피엔스'를 지칭합니다. 두 개의 단어가 결합해 '스마트폰을 통해 사고하는 존재'라는 새로운 용어가 탄생했습니다. 2019년에 성균관대학교 최재붕 교수님이 《포노사피엔스》라는 책을 출판하셨는데, 해당 책에서 말하는 포노사피엔스와 이 책에서 말하는 포노사피엔스의 개념은 같습니다. 지금의 청소년 세대는 먹고, 잠자고, 운동하는 등 자신의 기본적인 욕구를 해결하는 것부터 오락을 즐기거나 쇼핑을 하고, 배우고 익히고, 친구를 사귀고, 아르바이트나 직장을 구하고, 심지어 배우자를 찾는 것까지 모두 스마트 기기를 활용합니다. 이제는 청년과 중장년 세대에서도 비슷한 경향이 나타나고 있습니다. 일상적인 삶 자체를 스마트 기기를 통해 모두 해결하는 존재라는 의미에서 '포노사피엔스'라는 용어를 사용합니다.

　프랑스 현대 철학자인 미셸 세르[Michel Serres]는 2012년에 《Petite Poucette[Thumbelina]》라는 책을 출간했습니다. 해당 책의 한국어 제목은 《엄지세대》입니다. 이 책은 인지 철학자 미셸 세르 박사가 "밀레니얼 세대는 어떻게 사고하는가"에 많은 관심을 기울이며 관찰한 결과를 정리한 내용입니다. 세르 박사는 "밀레니얼 세대는 사고방식 자체가 다르다"고 주장하며 밀레니얼 세대 사고의 기저에 스마트폰이 있다고 주장합니다. 이들은 스마트폰을 이용해 사고하고, 행동하고, 정보를 수집하고, 일상을 살아가는 사람들이라고 설명합니다. 세르 박사는 '엄지세대' 또는 '엄지족'이라는 표현을 쓰는데, 이 책의 '포노사피엔스'라는 용어도 같은 맥락에서 사용됩니다.

포노사피엔스는 스마트폰 없이 생활이 불가능한 세대입니다. 어쩌면 현대사회의 거의 모든 사람이 스마트폰 없이는 숨조차 쉴 수 없는 상태에 이르렀을지 모릅니다. 요즘 아이들은 세 돌이 지나기도 전에 스마트폰과 스마트 기기를 슬라이드, 터치, 스와이프swipe를 하며 자유자재로 만지작거립니다. 이들은 스마트 기기를 신체의 일부분인 장기나 손발처럼 느낍니다. 기성세대와는 다른 종족인 것입니다. 때문에 지금의 밀레니얼 세대를 지칭하는 새로운 단어, '포노사피엔스'를 사용하는 것입니다.

얼마 전 지인이 가족여행에서 겪은 일을 들었습니다.

"최근 가족여행을 중국으로 가서 상해 임시정부를 찾았어요. 제가 중국에서 몇 년 근무한 적이 있었는데, 임시정부 청사를 찾아가려고 너무나 자연스럽게 지하철역에서 길을 물어볼 사람을 찾고 있었죠. 그런데 중국어도 모르는 제 아들이 아무렇지도 않게 스마트폰을 들고 검색해서는 이미 지하철 표를 뽑고 있는 거예요. 그때 저는 굉장히 충격을 받았어요. '요즘 아이들은 생각 자체가 다르구나! 나는 길을 알 만한 사람을 찾고 있었는데, 얘는 기계로 먼저 찾네'라고 생각했어요."

　우리 부모님 세대에는 모든 것을 사람에게 물어봐야 찾을 수 있었습니다. 며칠 전에 운전을 하다 길이 약간 헷갈렸는데, 아버지는 "내려서 길 가는 사람들한테 물어봐라!"고 하셨습니다. 단지 내비게이션을 다시 조정해서 길을 찾으면 되는 일인데…. 이것이야말로 부모님 세대와 우리 세대의 차이라고 볼 수 있습니다. 마찬가지로 우리 세대와 밀레니얼 세대와는 사고방식의 차이가 있는 것이지요.

　재밌는 사례가 하나 더 있습니다. 한 지인은 60대 중반에 손자가 생겼습니다. 첫 손자는 초등학교에 들어갔고, 둘째는 세 살 정도 되었습니다. 하루는 손자들에게 "얘들아! 할머니가 장난감 사줄게"라고 하니 일곱 살짜리 첫 손자는 할머니 손을 잡고 마트에 가려고 하는데 둘째는 스마트폰을 가지고 왔다고 합니다. 스마트폰 안에서 자신이 좋아하는 걸 사달라고 말입니다. 겨우 네 살 차이가 나는 아이들인데도 사고방식의 차이가 생기고 있습니다.　세상이 확실히 바뀌었다는 점은 인간관계에서도 확인할 수 있습니다. 이제 사람들은 스마트폰으로 관계를 맺고, 사귀고, 헤어지기도 합니다. 이전에 만났던 어떤 사람은 "내 친구가 우크라이나에 있다"고 하면서 한 번도 만난 적이 없고, 마주 앉아서 차 한 잔도 마셔본 적이 없지만 SNS로 소통하고 누구보다 말이 잘 통하는 '절친'

이라고 말합니다.

　다음 세대의 사고방식은 기성세대와 완전히 다릅니다. 이 부분은 교육 현장에서도 당장 해결해야 하는 과제가 되었습니다. 종이책으로 공부한 기성세대들이 스마트 기기로 모든 지식과 정보를 접하는 밀레니얼 세대나 Z세대들을 교육하고 있기 때문입니다. 현세대와 다음 세대의 사고와 생활 방식에 상당한 괴리가 있습니다. 다음 세대의 교육에서 가장 중요한 지점은 스마트 기기를 이용해 "지식과 정보를 어떻게 모으고, 활용하고, 재생산할 것인가?"입니다. 이제 청소년 교육, 학교교육이 완전히 새로운 도전에 직면했다고 볼 수 있습니다.

····· 나한테 맞춰줘

많은 분이 "스마트 기기는 이미 아이들 삶의 일부가 되었으니, 강제로 억압하지 말고 오히려 이를 잘 활용해 올바른 사고를 할 수 있도록 교육시켜야 한다"는 의견에 동의합니다. 반면에 어떤 분들은 "그럼 책을 읽지 말라는 것이냐", "책을 빼앗으라는 이야기냐", "억지로 읽힌 책 한 권이 아이의 인생을 바꿀 수도 있다" 등의 항의나 주장을 하기도 합니다.

일단 아이들은 종이책뿐만 아니라 전자책이라도 읽기 힘들어 하고 읽으려 하지도 않으며 실제로 예전 학생들보다 훨씬 적게 읽습니다. 그렇다고 해서 "학생들이 부모 세대에 비해 지식이나 정보 습득이 적으냐"고 누군가가 묻는다면, "그렇지 않다"고 말할 수 있습니다. 아이들은 스마트폰을 이용해 필요한 지식과 정보를 지속적으로 찾고, 확인하고, 활용하고 있습니다. 최근 한국교육학술정보원이 발표한 조사에 따르면, 대학생들의 종이책 대출 건수는 2011년 8.3권에서 2020년 4권으로 절반 이하로 감소한 반면, 전자 자료 이용 건수는 2011년 131건에서 2020년 254건으로 거의 두 배 증가했다고 합니다. 전자 자료와 종이책은 다릅니다. 전자 자료는 정보가 주요 개념이나 사건 중심으로 모듈화되어 있고, 정보의 조각들이 서로 하이퍼링크^{hyperlink}로 연결되어 있습니다. 또한 검색자가 찾을 때마다 해당 정보를 중심으로 매번 재구성됩니다.

아이들이 책을 좋아하지 않는 이유 중 하나는 관심 정보의 '순도' 때문입니다. 책은 저자의 관심으로 써 내려갔기에 부분적으로 독자의 관심이 저자의 관심과 일치하기도, 불일치하기도 합니다. 다시 말하면, 독자가 전혀 관심이 없는 내용이 포함되어 있다는 것입니다. 그러나 아이들이 스마트폰으로 찾는 정보는 관심 정보의 순도가 높습니다. 아이들이 책을 읽지 않는 현상은 자신의 필요나 욕망 또는 관심을 잘 반영한 지식과 정보를 중심으로 찾아내

습득하는 세대의 특성과 연결됩니다. 이 세대가 문제가 있는 게 아니라 지식과 정보를 바라보는 관점, 습득하는 방식이 기존 세대와 다를 뿐입니다.

최근 혁신학교 교사나 열의가 높은 교사 중에서 현실적인 문제들과 연관시켜 수업을 재미있게 진행하는 분들이 늘어나고 있습니다. 그러나 아직 이분들이 주류는 아닙니다. 학교는 여전히 구조화된 기성(旣成) 지식을 아이들이 잘 전달받기만을 바랍니다. 가장 대표적인 학교운영체제가 국가교육과정과 교과서이며, 이는 수능과 연결되어 있습니다. 디지털 네트워크 시대에 들어선 우리에게 현재의 교육방식은 적합하지 않습니다.

현재 우리는 근대학교에서조차 적합하지 않은 '경전 암기 방식'으로 교육하고 있습니다. 인쇄지식 시대에는 도서관을 이용해 문제를 해결하는, 소위 문제해결형 학습Problem/Project Based Learning 방식이 적합했으나, 한국의 학교는 필사지식 시대의 학습 방식을 인쇄지식 시대의 근대학교에 적용합니다. 필사지식 시대에나 요구되던 전근대적인 경전 암기 방식은 대한민국 교과서가 경전 역할을 하며 고수되고 있습니다. 그리고 여전히 디지털 네트워크 지식 시대에서 필사지식 시대의 교육방식을 고수하고 있습니다.

언어의 탄생, 문자의 발명, 인쇄의 발명 그리고 인터넷의 등장과 같은 시대적 분기점을 무시해서는 안 된다고 생각합니다. 각

시대적 분기점을 지나면서 인간의 사고방식, 삶의 태도, 행동양식에는 커다란 변화가 일어났습니다. 디지털 네트워크 지식 시대에는 종이책의 의미가 크지 않습니다. 종이책은 레디메이드^{ready-made} 지식, 즉 고정된 지식입니다. 하나의 주제에 관련된 수많은 지식과 정보를 모아 일정한 구조와 체계를 세워 설명하는 매체입니다. 마치 장난감 자동차, 마징가 제트, 곰 인형처럼 이미 만들어져 있는 장난감 같습니다. 그러나 디지털 네트워크 지식은 레고 블록처럼 개별화, 모듈화되어 있는 지식입니다.

책은 레고 블록과 다릅니다. 종이책은 책장에 꽂아놓으면, 무엇에 대한 것인지 바로 알 수 있습니다. 마치 여러 개의 완성된 장난감을 소유한 것과 마찬가지입니다. 장난감 자동차를 좋아하는 친구가 오면, 자동차를 가지고 놀고, 인형을 좋아하는 친구가 오면 인형을 가지고 놀면 됩니다. 그러나 레고 블록 놀이는 방식도 다릅니다. 친구가 오면 "우리 뭘 만들어 볼까?"라는 질문부터 시작합니다. 이미 만들어져 있는 것 중에서 고르는 게 아니라 지금 당장 원하는 것을 만드는 과정입니다. 자신이 원하는 것을 직접 만드는 과정 자체도 즐기고 마지막 결과물까지 모두 다 즐기는 것입니다. 인쇄지식 시대, 즉 종이책 시대는 지식활동의 결과물만 즐기는 것이라면, 디지털 네트워크 지식 시대는 지식과 정보를 찾고, 연결하고, 활용해 또 다른 새로운 지식과 정보를 만들어내는 모든 과정을 즐기는 것입니다.

　레고 블록을 가지고 놀 때는 필요한 조각을 빨리 찾을 수 있는 능력이 중요합니다. 이보다 더 중요한 건 '자신이 무엇을 만들고 싶은지' 아는 능력입니다. 만들고 싶은 것이 없을 때는 레고 블록이 많아도 의미가 없습니다. 하나 더 중요한 지점이 있습니다. 레고 블록 놀이는 대상물을 만드는 사람과 즐기는 사람이 동일합니다. 새로운 대상물을 만드는 과정 자체와 결과물을 함께 즐기기 때문입니다. 비슷한 의미로 디지털 네트워크 지식 시대에는 생산자와 소비자가 하나로 융합됩니다. 이와 달리 인쇄지식(종이책)은 만드는 사람인 생산자와 읽는 사람인 소비자가 구분됩니다. 이 때문에 인쇄지식 시대와 필사지식 시대에 '지식인'이라는 독특한 집단이 형성되었던 것입니다.

　디지털 네트워크 지식 시대에는 모두 지식인이 될 수 있습니다. 2008년 미네르바의 등장부터 시작해 최근 화제가 되는 유튜버, 블로거, 트위터리언들을 보며 우리가 깨닫는 것은 다름 아닌 "누구나 지식인이 될 수 있다"는 가능성입니다. 고등학교만 졸업한 사람이라도 경제에 관심이 많은 사람이라면 경제학 박사보다 더 정확하게 현실을 파악하고 설명하는 역량을 가질 수 있습니다. 학위가 없어도 현장에서 정말 관심을 갖고 깊이 파고드는 사람은 그 분야에서 최고의 전문가가 될 수 있다는 가능성을 이제는 알게 되었습니다.

레고 블록 사용자가 레고 블록 생산자보다 더 레고 전문가가 될 수 있는 시대가 왔습니다. 지금 이 시대에 종이책만 보라고 강요하는 건 "자신이 무엇을 만들려고 하지 말고, 남이 만든 것을 보고 감상만 하라"고 말하는 것과 다르지 않습니다. 스스로 자신만의 책을 만들 수 있다면 그것이 오히려 가장 좋은 학습활동이 됩니다. 디지털 네트워크 지식 시대에서 요구되는 능력은 수많은 지식과 정보의 조각을 끌어모으는 욕망과 그것을 활용하는 역량이기 때문입니다.

•••• 내가 알고 싶은 건 그게 아니야

2018년에 첫 번째 책 《교육을 교육답게》를 쓸 때, 제게는 "요즘 아이들은 왜 학습동기가 없는가, 이들에게 학습동기를 부여하는 것은 왜 어려운 일인가"라는 고민이 있었습니다. 많은 학부모와 교사들이 아이들에게 학습동기를 부여하는 것이 정말 어렵다고 말했기 때문입니다. 수업시간에 무기력하거나 자는 학생들이 많다고 한숨을 쉬었습니다.

저 또한 딸에게서 똑같은 모습을 보았고, 결국 같은 문제를 고민하게 되었습니다. 어느 날 둘째 딸이 학교 가서 할 게 없어서 재미가 없다며 "학교를 그만둬야겠다"고 폭탄선언을 했습니다. 책이나 언론에서 보거나 들었던 아이들의 모습을 바로 제 앞에서 보았던 것입니다. '언론에 나오는 얘기는 내 얘기가 아니다'라고 생각했는데, 이와 같은 일이 벌어지니 정말 심각하게 고민이 되었습니다.

이렇게 시작되었던 첫 번째 책에서는 아이들의 삶의 방식이나 환경이 어떻게 변했는지, 그리고 동시에 우리 사회가 어떻게 변했는지를 고찰했습니다. 밀레니얼 세대가 고등학교와 대학교를 다니는 모습과 Z세대가 초등학교와 중학교를 다니고 있는 걸 비교해보면서 "기성세대와 MZ세대의 차이는 어디에서 왜 발생하고, 어떠한 양상을 띠는가"에 대한 저만의 답을 정리했습니다. 아이들에게 학습동기 부여를 위해서 어떤 노력을 기울여야 하는지를 아이들의 관심과 흥미, 적성과 소질, 삶의 문제들과 연관 지은 진로교육 중심으로 살펴보고, 새로운 흥미를 이끌어내기 위해서는 어떻게 해야 할지 함께 고민했습니다.

첫 번째 책을 출간하고는 또 다른 고민이 생기기 시작했습니다. 아이들이 지식과 정보를 다루고 학습하는 방식이 많이 달라졌다는 생각이 들었습니다. 2000년 이후 인터넷과 모바일 통신 시대가 열렸고, 2009년에는 컴퓨터, 인터넷, 모바일 통신을 하나로 통합한 스마트 기기가 등장했습니다. 박사과정에 있던 2009년부터 2012년까지 저는 도서관에서 책을 거의 찾아보지 않았습니다. 인터넷에서 박사학위 논문 작성에 도움이 되는 많은 지식과 정보들을 얻었습니다. 필요한 정보를 대부분 전자 형태의 데이터베이스에서 찾고 읽고 공부하면서 논문을 작성했습니다. 사실 박사학위 논문을 쓰면서 '인터넷과 검색엔진이 없었다면 아무것도 못했겠구나' 싶을 정도로 모든 작업이 인터넷과 검색엔진을 통해 이루어졌습니다.

2012년 이후 한국에 돌아와 생활하면서 스마트 기기 없이는 사고하는 것도 어려워하는 제 자신을 보게 되었습니다. 동시에 아이들도 그렇게 변해가는 것을 보았습니다. 지식정보 혁명이라고 하는 말도 나의 생활과는 직접적인 관계가 없는 것처럼 느꼈는데, 스마트 기기의 출현으로 많은 것이 달라지고 있다는 생각이 들었습니다. 지식정보 혁명은 저와 아이들에게 이미 직접적인 영향을 주고 있었고 또 내재화되고 있었습니다.

이제 아이들은 변화하고 있습니다. 둘째가 중학교를 휴학했다 복학한 이후, 중학교 2학년, 3학년, 그리고 고등학교까지 거의 5년을 옆에서 함께 공부했습니다. 휴학기간 동안 학교공부를 거의 하지 않아서 기초적인 용어도 잘 모르는 상황이었기 때문입니다. 그렇게 함께 시간을 보내면서 요즘 아이들이 정보를 습득하는 새로운 방식을 알게 되었습니다. 지식이나 정보를 소유하는 면에서는 저보다 훨씬 미숙했지만, 자신이 관심이 있고 찾아야겠다고 정한 정보는 굉장히 빠르게 잘 찾았습니다. 사실은 놀라울 정도였습니다. 아이들은 대부분의 지식과 정보를 책이 아닌 동영상을 통해 얻고 이해하고 있었습니다. 화학, 물리, 수학도 유튜브를 검색한 다음 평균 5분, 길어도 15분을 넘지 않는 동영상을 찾아 반복해 들으며 공부했습니다.

둘째에게 설명을 할 때면 자주 혼이 납니다. 제가 기승전결, 선후관계, 전체 구조를 중심으로 개념적이고 논리적인 체계에 따라 쭉 설명을 하기 때문입니다. 그럴 때면 둘째는 금방 "그건 됐고! 난 지금 이거를 알고 싶단 말이야. 그러니까 바로 그걸 얘기해줘"라고 다그칩니다. 요청에 따라 제가 간단히 설명을 먼저 하고, 그 안에서 아이가 이해 안 되는 부분을 다시 짚어서 물어보는 방식으로 바뀌었습니다. 항상 맨 앞에서부터, 순서와 체계에 따라 차근차근 얘기를 하려고만 하면, 둘째는 금방 "됐다니까"라고 반응합니다.

이런 일을 자꾸 겪으면서 스스로 많은 생각을 다시 하게 되었습니다. '지식, 기기, 기술, 정보유통, 정보 활용 방식, 학습방식이 모두 변하고 있구나'를 느끼며 고민하고 공부하면서 두 번째 책을 썼습니다. 그렇게 탄생한 책이 《포노사피엔스 학교의 탄생》입니다. 《포노사피엔스 학교의 탄생》의 핵심은 '지식의 변화'와 '학습의 변화'를 다룬 부분입니다.

적어도 저를 포함한 586세대와 그 이전 세대들은 모두 인쇄 지식에 기반을 둔 사람들입니다. 그런데 스마트 기기가 나오면서 모든 게 달라졌습니다. 지식정보 혁명의 시작을 1960년대부터라고 보는 사람도 있지만, 아무리 늦어도 1980년대에는 세계적으로 지식정보 혁명이 시작되었다고 봅니다. 한국의 586세대는 지식정보 혁명이 시작되던 시기에 중·고등학교를 다녔습니다. 그러나 이들은 지식정보 혁명의 영향을 제대로 받지 못하고 학교를 졸업했습니다. 학습관행이나 교육체계도 마찬가지였습니다. 그래서 한국의 586 세대는 사실 인쇄지식 세대라고 볼 수 있습니다.

1990년대 후반, 인터넷은 한국과 전 세계에 큰 흐름을 형성했습니다. 이 시기에 청소년기를 거치면서 세상이 완전히 바뀌는 걸 경험했던 밀레니얼 세대와 586세대 사이에는 넘을 수 없는 벽이 존재합니다. 지식정보 혁명을 청소년기에 겪었던 세대가 현재의 3040세대, 광대역 인터넷을 손에 넣고 다니기 시작한 세대가 지금 우리가 보고 있는 초중고생들입니다. 이들이 지식과 정보를 습득하고 활용하는 방식은 완전히 달라질 수밖에 없습니다.

누군가는 "인터넷 시대와 스마트폰·디지털 네트워크 시대가 얼마나 다르겠느냐"고 반문할 수 있지만, 지식유통과 학습방식, 사고방식 등에 근본적인 차이가 있습니다. 우선 인터넷 시대에서는 게이트를 찾아 열어야 합니다. 책상에 앉아서 데스크 탑 컴퓨터를 켜고 게이트를 열어야 인터넷 세상에 접속할 수 있었습니다. 이 시기에는 온라인과 오프라인 세상 사이에 엄연히 경계가 있었습니다.

스마트폰 시대에는 온라인-오프라인의 경계가 완전히 사라졌습니다. 지식정보에 접속하는 게이트는 항상 열려 있으며 심지어 내 몸도 접속되어 있습니다. 마음만 먹으면 게이트 너머의 세상으로 순간 이동이 가능합니다. 온·오프라인이 합쳐진 '사이버피지컬 시스템cyber-physical system'이 스마트폰의 보급으로 가능해진 것입니다. 우리의 뇌에 인터넷이 연결된 것이나 큰 차이가 없습니다. 생각만으로도 인터넷 서핑이 가능한 세상이 되어가고 있습니다.

지식과 정보에 접속하는 데 경계가 없다는 점은 인쇄지식 시대와 완전히 다른 상황을 초래했습니다. 인쇄지식 시대에는 마치 탄광에서 원석을 캐듯 인쇄물 속에서 하나하나 정보를 찾아야 했습니다. 탄광에 직접 찾아가 원하는 원석이 있는지 직접 확인하고, 그렇게 캐낸 원석을 쓰는 방법을 배우는 게 인쇄지식 시대에 필요한 학습방식이었습니다. 그러나 스마트폰·디지털 네트워크 지식 시대에는 '정보와 지식'이라는 원석을 스마트폰과 네트워크를 통해 인공지능 검색엔진이 대신 캐내줍니다. 이제 아이들은 원석을 가공하고 활용할 줄만 알면 됩니다.

정보와 지식이라는 원석을 가공하는 건 "이걸 가지고 무엇을 할까"라는 욕망이 있을 때만 가능합니다. 욕망이 없으면 그 어떤 지식과 정보도 의미가 없습니다. 다른 측면에서 보자면 자신이 하고 싶은 것만 확실하면 정보와 지식은 너무나도 쉽게 찾을 수 있는 시대가 되었습니다. 인쇄지식 시대에는 하고 싶은 것이 있어도 거기에 맞는 정보와 지식을 찾는 과정이 매우 험난했습니다. 전문가나 도서관을 이용해도 쉬운 일이 아니었습니다. 그러나 디지털 네트워크 지식 시대에서는 매우 쉬운 일이 되었습니다. 결국 무언가를 욕망하면, 그 욕망이 실현될 가능성이 획기적으로 증가한 것입니다. 디지털 네트워크 지식 시대에는 욕망이 거의 모든 것이라 할 수 있습니다. 욕망이 없으면 광대한 정보와 지식이 무용지물이지만, 욕망이 있다면 그 무엇도 실현할 수 있는 시스템이 갖추어진 시대라고 말할 수 있습니다.

안타까운 현실은 학교에서 아이들의 욕망을 자꾸 죽이고 있다는 점입니다. 욕망을 죽이는 방법은 두 가지가 있습니다. 하나는 금지하는 것, 다른 하나는 다른 사람의 욕망을 쫓아가도록 강요하는 것입니다. 예를 들어 "너 그거 하면 안 돼. 왜 그런 걸 해"라는 말로 금지하거나, "너 그래 가지고 밥 먹고 살겠어? 돈을 벌어야지!" 등의 말로 타인의 욕망을 쫓아가게 합니다.

금지와 강요는 동전의 양면과 같습니다. 이 둘의 효과는 같습니다. 아이들로 하여금 엄청난 반항을 하게 하거나 반대로 무기력하게 만듭니다. 아이들의 상태로 판단해보면 학교 시스템이나 학부모들이 이 시대의 청소년에게 엄청난 해악을 끼치는 것만 같습니다. 인쇄지식 시대에는 금지와 강요가 결과에 크게 영향을 주지 않았습니다. 어차피 실현시키는 데 너무 오랜 시간과 노력이 들기 때문에 목적한 바에 도달할지조차 알 수가 없었습니다. 그러나 디지털 네트워크 지식 시대에는 금지와 강요만 하지 않아도 목적한 바에 빠르게 갈 수 있습니다.

아이가 자신의 욕망을 열정적으로 추구하게 놔두면 엄청난 가능성들이 열립니다. 그러나 금지나 강요하는 순간 모든 가능성은 닫혀 버립니다. 예를 들면, 초등학생도 치매노인을 위한 지역사회 돌봄 프로그램을 짤 수 있고, 중학생도 한국과 일본의 주식시장을 비교해 주요 기업의 주가전망 분석보고서를 쓸 수 있습니다. 고등학생도 프로그래밍을 통해 코로나 대응을 위한 자동 출입통제 기구를 설계해 제작할 수 있습니다. 단지 금지와 강요만 하지 않으면 가능합니다. 이렇듯 디지털 네트워크 지식 시대에 강요와 금지 때문에 일어나는 해악은 인쇄지식 시대와는 비교가 안 될 정도로 크게 나타납니다.

새로운 학습법은 결국 아이의 욕망에 충실하게 따르는 방식이어야 합니다. 학습자의 욕망에 충실한 학습법을 '개개인화된 학습법'이라고 합니다. 각자의 욕망은 개인적이며 모두 저만의 색깔과 방향, 내용으로 채워져 있습니다. 욕망은 추상적인 개념이 아닌 매우 현실적이며 구체적인 것이기에 현실과 실천을 떠나 말할 수 없습니다. 결국 디지털 네트워크 지식 시대에는 개인의 욕망을 존중하는 '개개인화된 교육'이 가장 적합합니다.

··· 실행을 통해 배운다

'최소한의 개념은 있어야 검색엔진이 찾아준 정보를 서로 연결할 수 있지 않나'라고 생각할 수 있습니다. 먼저 답을 하자면, 연결도 검색엔진이 해줍니다. 정보를 서로 연결하는 하이퍼링크가 있기 때문입니다. 그렇다면 "내가 이 정보가 필요한지 어떻게 아는가"라는 질문이 남습니다. 결국은 내가 "무엇을 원하는지" 알아야 합니다. 정보의 연결도 스스로가 욕망을 확실히 자각하고 있어야 가능합니다. 그리고 실행이 있어야 합니다. 뭔가 하고 싶다면 실제로 정보를 찾고, 자신이 원하는 것인지, 욕망을 충족시킬 수 있는지 알아야 합니다.

예를 들어, 자동차를 만들고 싶다면 우선 자동차를 검색하는 행위를 해야 합니다. 자동차는 바퀴와 엔진도 있어야 하고 엔진의 동력을 바퀴로 전달해야 한다는 등의 정보를 하이퍼링크를 따라가며 학습합니다. 학습하는 동안 자동차에 대한 상을 계속 그리면서 '자동차를 만드는 법'을 알아갑니다. 요즘 대학생들이 실제 자동차를 만들어보는 과정을 수행할 때 사용하는 방법입니다. 이 모든 과정이 실행입니다. 욕망과 실행 사이에서 학습자는 찾고 검증하고, 필요한 부분을 다시 찾아 붙이는 과정을 계속 반복합니다. 이 과정을 통해 찾은 정보가 '맞구나', '잘못되었구나', 혹은 '잘못 연결했구나'라고 알게 됩니다.

최근에 저는 사상 최대의 사회과 수업 프로젝트를 지켜보았습니다. 초등학교 5학년 학생들이 공기청정기를 만들어보겠다고 도전했습니다. 처음에는 공기청정기를 검색하며 시작합니다. 공기청정기는 필터가 핵심이라는 정보를 찾았으니 이제는 필터에 대해서 찾아봅니다. 필터 분류법이라든지, 입자, 거름망 등을 찾아본 다음, 필터에 공기를 통과시켜야 된다는 점을 다시 확인합니다. 공기를 통과시키려면 팬과 동력이 필요합니다. 동력은 전기를 알아야 하는데, 초등학생들은 전기에 대해서 거의 배우는 바가 없습니다.

하지만 초등학생들은 검색을 해가며 전압, 전류, 저항 등의 개념을 이해했습니다. 그러더니 전동기를 움직여 팬을 돌아가게 하는 과정을 스스로 찾아 공부하며 만들어갔습니다. 결국에는 엉성하지만 공기청정기를 만들어냈습니다.

학생들은 여러 개념들을 직접 활용해보면서 자신들이 개념을 제대로 이해했는지를 바로 확인하며 실행 과정을 이끌어갑니다. 틀리면 다시 물어보거나, 검색하거나, 해보면서 계속 반복합니다. 이 과정을 통해서 아이들은 자기가 검색한 것과 실행, 그리고 자신의 욕망과 현실 사이를 계속 확인해갑니다. 그러면서 지식을 자기 걸로 만들어갑니다.

이제 '지식은 내 것이다'라는 관념은 자의적이고 구시대적입니다. 필사지식 시대에 살았던 사람들은 이를 '텍스트를 다 외워서 내 머릿속에 담고 있을 때'로 이해했습니다. 사서삼경 아니면 4서에 13경까지 다 외우면, 그때서야 "그 지식은 너의 것이 되었다", "너의 지식이다", "혹은 너는 그걸 안다"고 말했습니다. 이와 달리 인쇄지식 시대에서 '안다'는 것은 '그것의 개념과 지식 구조에 대해 파악한 상태'라고 인식되었습니다. 결국은 도서관 사서와 같은 능력을 갖는 것인데, 근대의 지식인이란 해당 분야 지식의 '사서'가 되는 것이었습니다.

예를 들어, 물리학에 대해 어떠한 문제가 제기되면 암기된 지식으로 바로 대답하는 게 아니라, 책에서 찾아보고 정보를 연결해 자신의 책 또는 논문을 만드는 것입니다. 결국 인쇄지식 시대의 학자가 하는 일은 해당 분야의 '사서'가 되어, 새로운 개념을 연결하는 구조를 보여주는 것이었습니다. 이처럼 전근대와 근대, 즉 필사지식 시대와 인쇄지식 시대의 '안다'는 개념은 매우 달랐습니다.

인쇄지식 시대와 디지털 네트워크 지식 시대의 '안다'는 개념 또한 다릅니다. 예를 들어 지금 누군가의 전화번호를 '알고 있다'는 말은 스마트폰에 그 사람의 전화번호가 저장되어 있다는 뜻입니다. 결국 디지털 네트워크 지식 시대의 '지식인'이란 정보를 검색해 찾아 활용할 수 있는 사람인 것입니다. 따라서 디지털 네트워크 지식 시대의 지식인에게 중요한 건 검색결과를 '활용하고 싶은 욕망이 있는가'입니다. 욕망이 있다면 바로 활용이 가능하기 때문입니다.

요즘 창업이 중요해지는 이유는 창업이야말로 디지털 네트워크 지식 시대에 가장 적합한 방식의 학습법이기 때문입니다. 특히, 최근 창업과 신제품 개발이 대부분 린스타트업Lean startup 방식으로 이루어지고 있습니다. 린스타트업 방식은 빠른 속도로 제품의 프로토타입을 만들어 가설을 테스트하고, 고객의 피드백을 받아 빠르게 제품을 수정하는 것입니다. 충분히 공부한 다음에 뭘 해보는 게 아니라, 자신이 욕망하는 것을 바로 실현해봅니다. 계속 도전하고 실패하면서, 자신이 가진 지식의 체계를 반복적으로 수정해가는 방식입니다. 자신이 원하는 것을 만들어내는 과정 자체가 관련 지식을 습득해가는 학습과정이 됩니다.

이전 시대에는 제품을 다 기획한 다음 생산에 착수했습니다. 교육에서도 마찬가지로 공부를 다 한 다음, 실행해보라고 했습니다. 그러나 지금은 지식과 정보가 디지털화되었고, 네트워크로 연결되어 있어 기획과 실행을 동시에 수행할 수 있는 시대가 되었습니다. 또한 이를 가능케 하는 스마트 기기가 있습니다. 디지털 네트워크, 스마트 기기, 검색 엔진, 이 삼형제는 지식 활용에 있어서 혁명을 가져왔다고 해도 과언이 아닙니다. 코로나19를 겪으며 모든 학교에서 와이파이를 개방하고 스마트 기기를 대대적으로 보급했습니다. 대부분의 시도교육청에서 1인 1 태블릿 컴퓨터^{tablet computer} 환경을 조성한다고 하니, 이제 학교 현장에서도 시대에 맞는 커다란 변화가 일어나기를 기대합니다.

②

포노사피엔스에게 공부란 무엇인가

•••• '절박한 학습 동기'가 없다

출생년도가 2000년에 가까운 둘째 아이는 20개월 차이가 나는 첫째와 많이 다릅니다. 타고난 성향도 있겠지만, 그 또래들이 공유하는 무언가가 있는 듯합니다. 초등학교 입학식 다음 날부터 학교에 가지 않겠다고 아침마다 떼를 쓰는 것이었습니다. 매일 아침 아내와 저는 둘째와 전쟁을 치러야 했습니다. 잠에서 깨우고, 씻기고, 옷을 입히고, 밥을 먹이고, 책가방을 챙겨서 학교 앞까지 손을 잡고 끌고 가는 일이 1차 전쟁이라면, 학교 교문 앞에서 학교 안으로 밀어넣는 일이 2차 전쟁이었습니다. 아침마다 아이를 달래기도, 협박하기도, 심지어는 학교 문 앞에 데려다 놓고는 도망쳐 보기도 했습니다. 참 어렵고 답답한 상황이었습니다.

저는 어릴 적 학교 가는 것을 정말 좋아했기에 이런 둘째가 더욱 이해되지 않았습니다. 제가 학교를 좋아한 이유는 우선 학교에 가면 힘든 노동을 하지 않아도 되었기 때문입니다. 초등학교 시절에 우리 집은 대한민국 최대의 곡창지대인 호남평야의 서쪽 끄트머리 들판 한가운데 위치한 외딴집이었습니다. 부모님은 농사일을 하셨고, 당시 대부분의 농촌 가정이 그랬듯이, 대부분의 농사일을 가족의 노동력에 의지하고 있었습니다. 학교에 가지 않는 날은 항상 논일과 밭일을 도와야 했습니다. 학교에 가는 날은 혹독한 농사일에서 해방되어 딴 세상을 돌아다니는 기쁨을 만끽할 수 있었습니다. 어린 나이에 논과 밭에서 허리를 굽히고 힘을 써야 하는 노동은 정말 힘들고 지겨운 일이었습니다.

더불어 학교는 저에게 힘든 현실 세계를 떠나 상상의 세계, 다른 나라, 심지어 미래로 시공간 여행을 할 수 있는 마법의 문이었습니다. 마치 《해리 포터》 이야기에 나오는 킹스크로스역 9와 3/4 플랫폼에서 호그와트 익스프레스를 타고 가는 기분이지요. 시골 아이들이 일상에서 경험할 수 없는 다른 나라 이야기에서부터 신기한 과학 이야기까지 접할 수 있었고, 노래를 배우고 그림을 그리는 것과 친구들이랑 함께 노는 일도 학교에서만 얻을 수 있는 기쁨이었습니다. 세계의 극빈국이었던 대한민국의 농촌 초등학생에게 학교는 세상에서 희소한 지식과 정보를 접할 수 있는 유일한 플랫폼이었습니다.

학교를 좋아했던 또 다른 이유는 나만 사용할 수 있는 책상과 의자가 있었기 때문입니다. 반듯한 학교건물은 평평한 바닥이 깔끔하게 정리되어 있었습니다. 반면 우리 집은 흙이 떨어지는 신문지로 도배한 벽, 볼 만한 책 한 권 변변히 없는 가난한 초가집이었습니다. 1970년대 농촌에서는 그나마 우리 집은 좀 사는 편에 속했습니다. 어떤 아이들은 학교에 갈 수조차 없는 형편이었습니다. 6학년까지 다니지 못하고 중간에 그만두는 아이들도 종종 있었고, 중학교를 가지 못하는 아이들도 여럿 있었습니다. 1970년대 청소년들에게 학교는 그 지역에서 가장 반듯한 건물이었고, 최신의 설비를 갖춘 최첨단의 물리적·지적 공간이었습니다. 운동장의 놀이기구부터 교실의 창문까지 모든 면에서 말입니다.

마지막 이유는 어린 마음에도 학교를 통해 미래에 더 나은 생활을 할 수 있을 거라는 희망을 가질 수 있었기 때문입니다. 공부를 열심히 해서 좋은 성적을 거두면 이 답답하고 고된 농촌에서 벗어나 뭔가 새로운 세계로 갈 수 있다고 생각했습니다. 그리고 그 가능성을 잡으려 몰두했습니다. 그 시절 우리들에게 학교에 갈 수 없다는 말은 가난한 농촌에 갇혀 고된 노동으로 일생을 보내야 하는 일종의 형벌처럼 다가왔습니다. 누구나 그 형벌을 피할 수 있는 거의 유일한 길이 학교에서 공부에 집중하고, 스스로 새 시대, 산업사회의 핵심 인력이 될 가능성을 증명하는 일이라는 점을 본능적으로 알고 있었습니다.

이제 2020년대 한국으로 돌아와 포노사피엔스들의 학교를 봅시다. 좋은 학교 건물과 시설, 냉난방이 되는 교실, 정수기에서 제공되는 식수, 무료로 제공되는 친환경 급식 등 50년 전과는 비할 수 없을 정도입니다. 한겨울에도 온수가 나오는 세면대는 기본이고, 비데가 설치된 수세식 화장실이 있는 학교도 늘고 있습니다. 교사들은 더 이상 체벌을 하지도 않고, 학생들에게 대부분 친절합니다. 그럼에도 불구하고 제 아이들을 비롯해 대부분의 초중고생은 공부에 집중하는 건 고사하고, 학교 가는 것 자체를 몹시 싫어합니다. 왜 그럴까요?

지금 한국의 청소년들은 선진국에서 살고 있습니다. 디지털 네트워크 지식 시대를 살아가는 포노사피엔스들에게 부모 세대가 가졌던 학교에 대한 동경과 학습 동기는 먼 나라 이야기입니다. 꼰대들이 들먹이는 '라떼는(나 때는)' 레퍼토리일 뿐입니다. 아이들은 이제 육체적인 노동과 멀어졌을 뿐만 아니라, 학교보다 더 좋은 시설에서 살고, 학교보다 더 재미있는 지식과 정보를 쉽게 접할 수 있고, 학교 공부를 하지 않고도 성공할 수 있고, 무엇보다 자신이 하고 싶은 일을 할 수 있는 기회가 넘쳐난다는 걸 잘 알고 있습니다.

이제 포노사피엔스에게 부모 세대와 같은 '절박한 학습동기'는 더 이상 없습니다. 포노사피엔스가 생각하는 '공부'는 부모 세대의 공부와 완전히 다른 것입니다. 그렇다면 학교와 교사, 그리고 부모는 포노사피엔스에게 공부는 무엇이고, 그들은 어떻게 공부하는지, 무엇을 위해 공부하려 하는지 생각하고 논의해야 합니다. 나아가 포노사피엔스의 공부를 어떻게 지원해야 하는지, 학교교육을 어떠한 방향으로 혁신해야 하는지에 대한 고민을 교육정책의 긴급한 과제로 정해야 합니다.

··· ~을 위해 공부한 부모 세대 vs 재밌어야 공부하는 포노사피엔스

교육학에서는 학습동기를 내재적 학습동기와 외재적 학습동기로 구분합니다. 내재적 학습동기는 학생들이 학습과정 그 자체에서 재미를 느껴 학습에 몰입하는 경우를 말합니다. 반면 외재적 학습동기는 싫은 것을 피하기 위한 소극적, 방편적 성격이 강합니다. 부모 세대가 가난에서 벗어나고, 힘든 노동을 피하기 위해 물질적 풍요와 지위상승을 기대하며 공부에 매진했던 경우와 같습니다. 물질적 결핍 속에 살았던 부모 세대는 외재적 학습동기가 중심이었다면, 포노사피엔스는 경험과 공감적 활동을 통해 학습과정 자체를 즐기려는 내재적 학습동기가 중요한 세대가 되었습니다.

지금의 부모 세대, 특히 베이비부머 세대의 어린 시절은 하루 일과가 '해야만 하는 일들'로 가득 채워져 있었습니다. 집안 청소를 하고, 살림을 돕고, 부모님의 생업을 보조하는 일은 매우 흔한 일이었습니다. 저도 중·고등학교 시절에 부모님이 운영하는 가게 일을 매일 도왔습니다. 중학교 시절 같은 반 친구는 방과 후에 매일 어머니를 자전거에 태우고 시내 중심가에 있는 가게들을 돌아 다녔습니다. 그 친구의 어머니가 작은 가게들을 상대로 대부업을 하셨기 때문이었습니다.

1960년부터 1980년까지 대한민국 일인당 국민소득은 수십 달러에서 1,600달러 수준에 머물렀습니다. 우리나라에 물질적 빈곤이 있었던 시기로, 지금의 아프리카나 남미, 동남아시아 등에서 접하는 극빈의 삶과 크게 다르지 않았습니다. 온 식구들이 집안일을 거들어야 했기에 베이비부머 세대는 풍부한 생활 경험을 가지고 있습니다. 생활 속에서 부모나 주변 성인의 직업들을 지속적으로 접하면서 성장할 수밖에 없었기 때문입니다.

부모 세대와 달리 국민소득 2만 달러가 넘는 선진국이 된 대한민국에서 태어난 MZ세대, 포노사피엔스는 부모 세대와는 비교할 수 없을 정도의 물질적 풍요 속에서 살고 있습니다. 또한 이들이 접할 수 있는 생활의 경험과 직업에 대한 체험이 매우 협소합니다. 대부분 학교-학원-집을 오가는 반복적인 생활 때문이기도 하지만, 부모들도 생활과 생업을 위해 자녀들의 협조나 보조를 요청하지 않아도 되기 때문입니다.

부모 세대와 자녀 세대의 성장 과정과 환경의 차이는 학습동기에 커다란 차이를 만들었습니다. 부모 세대는 힘겨운 노동과 물질적 빈곤에서 벗어나고 부족한 교육의 기회를 얻어내기 위해 스스로 분발하고 격려하면서 공부했습니다. 부모 세대에게 공부는 자신의 삶을 보다 나은 곳으로 이끄는 통로였습니다. 그래서 심지어 부모의 반대를 무릅쓰고 맹렬히 공부한 세대였습니다. 그러나 포노사피엔스 세대에게는 그동안 잘 작동했던 외재적 학습동기가 작동하지 않습니다. 그들에게 공부를 통한 빈곤탈출, 계층상승, 새로운 직업세계로 진입하려는 동기는 절실하지 않습니다.

이제 포노사피엔스에게 기대할 수 있는 학습동기는 내재적 학습동기뿐입니다. 학습과정이나 특정 활동 자체에 관심과 흥미를 느껴 집중하는 내재적 학습동기를 발생시키는 학교 환경과 교육과정 운영이 필요하지만 아직은 제대로 구성되지 못한 상황입니다. 한국 학교의 상대평가 방식과 수능 체제에서는 교사들이 내재적 학습동기를 유발하는 수업전략을 펼치기가 어렵습니다. 부모 세대와 자녀 세대 사이의 힘겨운 갈등이 지속되는 원인 중의 하나입니다.

내재적 학습동기는 수업의 질이나 창의성 측면에서 효과적입니다. 이제는 내재적 학습동기를 이끌어낼 수 있는 여건을 갖추고, 자발적 학습을 유도하는 교육과정을 운영하는 학교가 좋은 학교입니다. 또한 이제는 학생들의 관심과 흥미를 유발하고 수업과 학습과정에 몰입할 수 있게 지도하는 교사가 유능한 교사입니다.

포노사피엔스 세대에게는 어떤 분야의 활동이든지 기획하고 참여해 직접 수행해볼 수 있는 물질적 여건과 사회적 환경이 갖추어져 있습니다. 개인적으로나 사회적으로나 청소년들이 직접 경험할 수 있는 영역이 끊임없이 확장되고 있습니다. 또한 경제가 지속적으로 성장하면서 청소년들이 가용할 수 있는 자원과 콘텐츠도 가속 팽창하고 있습니다. 따라서 한국의 청소년 세대는 이전의 어떤 세대보다 경험형 학습자가 많습니다. 모든 것을 스마트 기기로 해결하는 포노사피엔스야말로 역설적으로 경험형 학습자가 된 것입니다.

경험형 학습자를 지원할 수 있을 만큼 풍족한 사회가 되었지만, 아직 학교교육과정은 직접 체험하며 배우는 방식으로 전환되지 못했습니다. 그러나 몇몇 혁신적인 수업을 실천하는 교사들이 학생들과 수행한 프로젝트 수업을 보면 놀랍습니다. 한 초등학교 학생들이 수행한 화장실 악취 제거 프로젝트를 간략히 소개하고자 합니다.

이 초등학생들은 모호한 '악취'라는 개념을 어떻게 측정할 것인지에 대한 고민부터 시작했습니다. 화장실 악취의 수준을 어떻게 측정하고 구분할 것인지, 화장실 악취의 원인은 무엇인지, 어떻게 해결할 것인지를 찾아냈습니다. 학생들은 지역 보건소, 군청과 도청 관계자, 환경공학과 교수, 환경 관련 정부기관 관계자를 만나 인터뷰를 수행했고, 당시 논의되던 '공중화장실 등에 관한 법률 시행령' 개정 상황 등을 점검하면서 학교 화장실 악취의 원인과 해결방안을 모색했습니다. 전문가, 행정가, 법률가, 교장과 교사, 학생들을 만나면서 문제해결 프로젝트를 수행하는 과정은 여느 기업의 전문가들과 다를 바가 없습니다. 초등학생들의 학습내용과 수준은 이미 초등학교 수준을 넘어서고 있습니다. 초등학생들이 공기청정기를 만들고, 학교 진입로의 안전대책과 학교 주변의 교통체계를 정비하는 방안을 마련해 지자체 등 관련 기관과 협업을 통해 등하교 안전성을 높인 사례도 있습니다.

고등학생들은 훨씬 높은 수준의 프로젝트를 수행하고 직접 실현하고 있습니다. 새로운 형태의 교육을 탐색하는 대안교육기관의 하나인 '거꾸로 캠퍼스'의 실천 사례는 교사와 부모들을 놀라게 할 정도입니다. 저는 중·고등학교 및 대학생들의 창업활동 지원사업을 담당하면서 학생들이 얼마나 실천적인가하는 걸 몸소 체험했습니다. 학생들은 인공지능, 공공데이터 등을 활용하여 구체적 개선 사례와 제품을 만들고, 생태적 프로그램과 사회 개혁 프로그램을 실현하고 있었습니다. 포노사피엔스들이야말로 배움과 실천, 교과서와 현실을 하나로 통합하는 경험형 학습자입니다.

포노사피엔스들은 부모 세대처럼 오랜 기간 엄청난 에너지를 투입해 지식을 머리에 담아둘 필요가 없습니다. 졸업 이후를 대비해 공부할 필요도 없어졌습니다. 너무 많은 아이템과 개념들을 머릿속에 담아두는 일은 오히려 새로운 일을 하는 데 방해가 되고 시간과 노력을 낭비시킵니다. 포노사피엔스들에게 부모 세대의 공부법은 마치 좁은 집안에 언제 어디에 쓸지도 모르는 수많은 물건들을 모아놓는 '강박적 보관증후군'을 앓는 사람처럼 보일 것입니다. 스트리밍 지식과 정보를 자유자재로 활용할 수 있는 포노사피엔스에게는 작업장(두뇌)을 가장 유동적인 공간으로 유지하고, 필요할 때 다양한 용도로 쓸 수 있도록 관리하는 일이 더 중요합니다. 포노사피엔스들에게 공부란 자신의 과업을 수행하면서 필요할 때 바로 찾아 활용하고, 없는 것은 만들어내고, 다양한 부품들을 연관 지어 새로운 구성물을 만들어내는 과정 그 자체이기 때문입니다.

결론적으로 현재의 청소년 세대는 부모 세대와는 정반대의 방식으로 공부합니다. 부모 세대는 배우고 나서 실행하는 방식으로 공부했다면, 포노사피엔스는 즉시 실행하면서 그 과정 속에서 배웁니다. 그래서 부모 세대는 청소년 세대의 학습법을 이해하기 어렵고, 둘 사이에는 항상 긴장과 갈등이 조성되고, 서로를 불신하는 상황에 처하게 됩니다. 부모는 "알지도 못하면서 뭘 한다고 하느냐?"고 핀잔을 하고, 아이들은 "내가 알아서 잘할 수 있는데, 해보지도 못하게 한다"고 불평합니다. 제가 만난 사범대학교의 한 젊은 교수는 "선배 교수들은 학생들을 앉혀놓고 가르치려 하고, 학생들은 나가서 직접 해보려고 하니, 저같이 젊은 교수들은 그 둘 사이에 끼어서 조정하기가 너무 힘듭니다"고 한탄하였는데, 바로 그 상황이 부모와 포노사피엔스의 관계를 정확하게 표현한다고 생각합니다.

···• '거인의 어깨 위'에서 춤추며 놀다

뉴턴은 그의 과학적 발견과 업적이 자신이 거인의 어깨 위에 올라서서 볼 수 있었기 때문이라고 표현했습니다. 1400년대 중반부터 시작된 인쇄혁명은 유럽의 지식세계를 변혁시켰고, 그 이전과 비교할 수 없을 정도로 많은 연구물과 저서들이 유통되었습니다. '거인'이란 인쇄지식 유통으로 누리게 된 지식정보의 접근성을 표현한 말입니다.

지금은 뉴턴이 살던 시대와는 비교할 수 없을 정도로 획기적인 디지털 네트워크 지식 플랫폼이 있습니다. 포노사피엔스가 오랜 시간 인류가 축적한 엄청난 지식 정보 체계 위에 바로 올라설 수 있는 시대가 온 것입니다. 손끝만 움직여도 세계에서 가장 큰 도서관이 나의 관심을 중심으로 재정렬되어 눈앞에 배달되는 지식 스트리밍 사회입니다. 관심과 욕망만 있다면 가장 최첨단에서 한걸음 더 내딛을 수 있는 가능성이 활짝 열려 있고, 포노사피엔스는 이미 이를 능수능란하게 활용하고 실천하고 있습니다.

현행 방식의 생태교육, 민주시민교육, 인공지능교육과 같은 교육은 포노사피엔스에게 적합하지 않습니다. 지금 그들에게 필요한 것은 생태적으로 운영되는 학교와 교육과정, 학생과 구성원이 함께 수행하는 생태적 활동 그 자체이지 생태 '교육'이 아닙니다. 그들에게 필요한 것은 민주시민교육이 아니라, 시민인 학생에게 응당한 권리가 주어지는 민주적 학교운영입니다. 구성원들이 함께 살아가면서 상호작용하는 공동체로서의 학교입니다. 민주시민적 가치가 구현되는 학교생활 그 자체이지 민주시민 '교육'이 아닙니다.

마찬가지로 포노사피엔스에게 필요한 교육과정은 인공지능과 친구가 되고 인공지능과 함께 일하고, 놀고, 새로운 인공지능을 요청하고 만드는 활동이지 인공지능 '교육'이 아닙니다. 포노사피엔스는 생태적으로 생활하고 민주시민으로서 행동하고 인공지능과 함께 놀면서 배웁니다. 동시에 새로운 생태적 가치, 민주시민의 지향, 인공지능의 가능성과 인간의 삶을 창조-재창조하는 과정 그 자체를 요청합니다. 우리는 이미 그런 활동들이 가능한 플랫폼 속에서 살고 있습니다. 그리고 포노사피엔스는 이미 거인의 어깨 위에서 춤추며 놀고 있습니다.

디지털 네트워크 지식 플랫폼 시대에 누가 지식과 정보의 최첨단을 걸어갈 것 같습니까? 단연코 포노사피엔스, 이른바 MZ세대입니다. 교육자이자 미래교육학자인 마크 프렌스키는 태어나면서부터 디지털 네트워크 플랫폼 속에서 성장한 이들을 '디지털 원주민digital native'이라 불렀습니다. 《디지털 네이티브》의 저자 돈 탭스콧은 "인류 역사상 처음으로 지식과 정보에서 부모 세대를 앞서는 첫 번째 세대가 출현했다"고 주장했습니다. 21세기의 뉴턴, 인공지능 시대의 아인슈타인은 포노사피엔스입니다.

···· 지식과 정보의 프로슈머

포노사피엔스에게 '공부'란 자신이 하고 싶은 것, 관심이 있고 욕망하는 것을 삶의 현장과 다양한 직업 분야에서 직접 경험하며 만들어가는 과정입니다. 레고 블록으로 자신의 상상을 현실로 만드는 것처럼, 공부는 세상에 필요한 것을 스스로 도전해 해결하는 실행이자 놀이의 과정으로 인식합니다. 일련의 과정을 통해 이들은 소통과 공유는 물론이고 팀플레이에도 능하며, 자신이 찾은 또는 새롭게 만든 지식과 정보를 스트리밍을 통해 세상에 나눠주는 신인류가 되었습니다. 포노사피엔스는 학습과 실행을 통합시키고, 지식의 소비와 생산-재생산을 하나로 결합시키는 프로슈머(prosumer: producer와 consumer의 결합어, 참여형 소비자) 학습자가 된 것입니다.

　포노사피엔스식 학습은 적극적이고 상호적인 쌍방향 소통과 공유의 과정입니다. 이에 따라 최근의 지식정보 플랫폼, 사회관계망 서비스, 각종 스트리밍 서비스가 포노사피엔스의 창조성을 높이는 역할을 하고 있습니다. 포노사피엔스 최고의 지향점은 크리에이터입니다. 디지털 네트워크 지식 플랫폼은 무한한 참여자들이 언제나 어디에서나 자신이 발견한 정보를 바로 공유할 수 있는 운영체제이기에, 그 자체로 참여자의 공동생산자co-producer, 크리에이터 역할을 요구합니다.

　포노사피엔스는 일상을 공유하듯이 자신이 만들어낸 것들을 공유하며 서로 하나의 지식정보 세계, 즉 스트리밍이 가능한 공동자산을 구성합니다. 이제는 모두가 크리에이터가 되어 각자의 콘텐츠를 만들어 공유하고, 이를 연결해 상승적으로 확대해나가는 지식정보 공동생산의 시대가 된 것입니다. 2021년 한국직업능력연구원의 보고서에 따르면, 초중고 학생의 희망직업 10위 목록에 크리에이터, 소프트웨어 개발자, 요리사 등이 올랐습니다. 이러한 정보 또한 최근 네트워크에서 공유되는 주요 지식정보 목록을 반영한 것이라 할 수 있습니다. 유튜브, 틱톡, 페이스북, 인스타그램 등을 통해 공유되는 콘텐츠의 경향을 반영한 것입니다.

부모 세대에게는 공부란 가난에서 탈출할 수 있는 출구이거나 힘든 일상생활에서 벗어나 상상할 수 있는 시간 또는 유능한 어른이 되기 위한 준비 과정이었습니다. 이 과정은 인내로 시련을 견뎌내야 하는 시험의 기간이기도 했습니다. 잠을 쫓기 위해 허벅지를 바늘로 찌르고, 머리카락을 묶어 천장에 매달기도 했습니다. 그러나 포노사피엔스에게 학습은 더 이상 고난과 시련을 견뎌내는 시험이 아니며, 그래서도 안 됩니다. 오히려 고난의 극복이 아닌 행복을 중심에 둔 활동입니다. 참고 견디는 인내보다는 즐기고 체험하면서 여행처럼 오가는 과정으로 변화하고 있습니다. 포노사피엔스는 풍족한 사회에서 태어나 자녀가 한둘밖에 없는 가정에서 아낌과 존중을 받으면서 자라고, 재미와 오락, 즐거움을 추구하는 일상을 몸으로 배운 세대이기 때문입니다.

3

포노사피엔스는 2개의 뇌를
가지고 있다

··· 전근대사회, 필사지식 시대

율곡 이이의 평전은 "율곡은 어려서부터 천재로 인정받았다"고 서술합니다. 그 근거로 "율곡은 어려서부터 한번 들은 가르침을 잊지 않았고, 책을 읽으면 반드시 기억했다"고 기록되어 있습니다. 그럼 《삼국지》에 나오는 인물 중에 누가 가장 천재에 가까울까요? 어떤 사람은 조조를 내세울 것이고, 어떤 사람은 사마의라고 주장할 지도 모르지만, 아마 가장 많은 표를 얻을 사람은 제갈량일 것입니다. 제갈량의 활약이 드러나기 시작하는 부분부터 사마의와 대결하는 부분까지가 삼국지 중에서 가장 재미있는 대목이라고 생각합니다. 《삼국지》 곳곳에는 제갈량의 천재성을 드러내기 위한 장치들이 많이 심어져 있는데, 가장 흔히 사용되는 기제는 역시 '비상한 기억력'입니다.

제갈량의 비상한 기억력에 관한 일화 하나를 소개합니다. 유비는 여러 번 전쟁에 패하고, 조조에게 갇힌 신세가 되었다가 풀려나 우여곡절 끝에 유표에게 의탁해 지냈습니다. 그 시절에 삼고초려로 제갈량을 책사로 모시면서 유비의 세력이 기세를 올리기 시작합니다. 유표가 죽은 후에 유표의 막내에게 물려진 형주를 유비가 이어받게 되었습니다. 그 과정에서 유표의 장남이 막내의 생모와 그 인척들에게 죽임을 당할 위험에서 벗어나고자 제갈량에게 계책을 의뢰했지만, 제갈량은 남의 집 일에 엮이고 싶지 않아 도움을 주지 않습니다. 이때 유표의 큰 아들 유선은 집에 있는 귀중한 비서祕書를 한번 구경해보라는 말로 제갈량을 꾀어 다락에 올려 보낸 다음, 사다리를 치워 다락에 가둬버립니다. 어쩔 수 없이 다락에 갇힌 신세가 된 제갈량은 유선에게 좋은 계책을 알려주고 내려왔습니다. 그런데 그 잠깐 사이에 제갈량은 유선의 책을 쭉 읽어보고는 그 내용을 전부 머리에 담아 버렸습니다.

이처럼 전통사회, 전근대사회, 산업사회 이전에 천재의 가장 중요한 역량은 무엇보다도 기억력과 암기력이었습니다. 지식과 지혜를 담은 책은 매우 귀하고 비싸고 수량이 적었기 때문에, 책 내용 전부를 정확하게 외울 수 있는 능력은 학문적으로나 경제적으로나 매우 중요한 능력이 될 수밖에 없었습니다. 주요 경전의 책값이 집값과 맞먹을 정도로 비싼 시절에 주요 경전 십수 권을 외울 수 있는 사람은 그것 자체로 커다란 부와 권력을 얻을 수 있는 기반을 가진 것과 같았습니다.

뿐만 아니라 암기된 콘텐츠가 풍부하지 않는 사람은 감히 지식인들의 대화와 토론에 접근할 수 없었습니다. 모든 논의가 책이나 노트, 참고자료 없이 구두로 이루어져야 하는 상황에서 머릿속에 주요 경전과 사료를 담아놓고 능숙하게 인출이 가능한 사람이 대화와 토론을 압도하는 상황은 당연한 일이었을 것입니다. 많은 역사적 장면에서 위인들은 말솜씨를 뽐내면서 상대를 압도하는데, 그 바탕은 반드시 비상한 기억력과 암기된 내용을 적기에 정확히 끌어내는 뛰어난 인출 능력이었습니다.

••• 근대사회, 인쇄지식 시대

"누가 천재인가"라는 질문을 지금 사람들에게 한다면, 사람들은 뉴턴, 아인슈타인 등과 같은 과학자나 칸트나 마르크스, 케인즈 같은 철학자, 경제학자 등을 떠올리거나, 백남준, 고흐, 살바도르 달리, 앤디 워홀과 같은 예술가를 떠올릴 것입니다. 그리고 이들의 특징으로 기억력을 꼽을 사람은 아무도 없을 것입니다. 근대사회는 지식과 정보의 생산과 유통이라는 측면에서 전근대사회와는 질적으로 다른 사회로 전환되었습니다. 근대산업사회에 접어들어 지식과 정보를 담은 인쇄물의 폭발적인 증가는 더 이상 기억력을 중심으로 인간의 지적 역량을 평가할 수 없는 시대가 되었습니다. 지식과 정보를 기억하는 데 보낼 시간과 노력을 이제는 지식과 정보를 이해하고 적용하고, 나아가 새로운 지식과 기술을 창조하는 데 쏟는 것이 훨씬 더 학문적으로나 경제적으로나 유용합니다.

전근대사회에서 지식과 정보 자체를 암기하고 소환하는 두뇌의 능력을 중시했다면, 근대 인쇄지식 사회에서는 학문적 체계를 잘 이해하고, 지식과 정보의 유통 구조를 잘 활용할 수 있는 지적 능력을 중시했습니다. 세상에 유통되는 지식과 정보가 정리된 도서관이 물리적으로 바로 활용할 수 있는 거리에 위치하는 세상이 되었기 때문이었습니다. 더욱이 학자나 연구자라면 자신의 분야에서 자주 활용되는 지식과 정보를 담은 서적을 자신만의 공간에 비치할 수도 있게 되었습니다. 조선 최초의 근대인, 개항기 실학자 혜강 최한기는 집안의 어마어마한 부를 책을 사 모으고 읽는 데다 소진했다고 전해집니다. 자신의 집을 도서관으로 만들려 했다는데, 아마도 혜강은 어렴풋이 근대사회에서 도서관이 지니는 중요성을 안 듯합니다.

150년 전 조선에서는 여전히 책이 귀하고 비싼 물건이었지만, 인쇄지식 시대에는 보통의 연구자들도 자신의 연구실 가득 책을 사서 보관할 수 있는 세상이 되었기에 더 이상 책 내용을 외울 필요가 없어졌습니다. 이 시대의 학자와 전문가들이 일반인보다 더 많은 내용을 외우고 있는 것은 해당 분야의 개념과 이론, 정보 등을 자주 접하고 활용하다 보니 저절로 기억된 것뿐입니다. 결국 지식과 정보의 생산, 저장, 유통, 재생산 구조의 근대적인 혁신은 기억력보다 창의성을 지식인의 핵심적인 역량으로 인식하게 하는 주요 요인이 되었습니다.

••• 현대사회, 디지털 네트워크 지식 시대

그렇다면 디지털 네트워크를 통해 지식과 정보가 생산, 저장, 유통, 재생산되는 지식 스트리밍 시대에서 천재는 어떤 사람일까요? 근대사회까지 지식과 정보를 다루는 일은 자신의 생물학적 뇌bio-brain를 활용해야 했습니다. 전근대사회처럼 책의 내용을 다 외우지는 않았지만, 주요 개념과 이론들을 담은 서적이 배치된 도서관의 구조를 파악하고 필요한 지식과 정보를 꺼내오는 일은 여전히 생물학적 뇌를 필요로 했으니까요.

디지털 네트워크 지식 시대에는 생물학적인 뇌만 활용하는 사람은 지식인으로 인정받을 수 없습니다. 두 개의 뇌, 생물학적인 머리와 외뇌exo-brain를 자유자재로 활용해야 합니다. 특히 두 가지 두뇌의 역할을 적재적소에 잘 분담시켜 활용하고, 이들의 협력 관계를 잘 조율할 줄 아는 사람이 천재가 되는 세상이 되었습니다.

문화심리학자 김정운은 자신의 저서 《에디톨로지》에서 '생각이 날아다니는 사람', '데이터베이스를 잘 다룰 줄 아는 사람'이 현대사회의 천재라고 말한 적이 있습니다. 디지털 네트워크 지식을 잘 활용하는 사람이 하이퍼링크를 통해 '생각이 날아다니게' 되고, 외뇌를 잘 활용한다는 사람이 지식과 정보의 '데이터베이스를 잘 다루는' 것입니다. 바로 이런 사람이 현대 디지털 네트워크 지식 시대의 천재입니다. 포노사피엔스는 근대사회의 천재들보다 더 뛰어난 천재가 될 수 있습니다. 한 개가 아닌 두 개의 뇌를 활용하기 때문입니다.

⋯• 생물학적 뇌와 외뇌

인류역사를 뒤돌아보면, 인간은 끊임없이 외뇌를 발전시켜 왔습니다. 처음에는 동굴의 벽이나 점토판에 그림을 그려 생물학적 뇌의 기억력을 대신하고자 했고, 이후에는 생물학적 뇌의 능력을 뛰어

넘는 문자를 담을 수 있는 다양한 매체를 만들어 활용하였습니다. 특히, 외뇌는 생물학적 뇌는 달리 다른 사람의 머리와 연결해주는 중간자 역할까지 수행하기 때문에 외뇌의 발달은 인간 역량의 가속적 발전을 담보하는 물질적 기반이었습니다.

인간이 전자 매체와 저장장치를 연결하는 네트워크를 발명하고 구축하면서 외뇌의 역사는 획기적으로 새로운 국면을 맞이했습니다. 이제 인간은 전 지구적 차원에서 생물학적 뇌의 한계를 넘어 상시 연결을 실현하는 시스템을 지니게 되었습니다. 기존의 외뇌 매체들, 특히 종이와 같은 매체는 물리적 공간을 차지하고, 정보를 전달하려면 물리적인 접촉이 필요하기에 전파속도가 매우 느렸습니다. 그러나 디지털 네트워크라는 외뇌 매체는 즉시성·동시성·비공간성·무한성이 특징이며, 역사상 그 어떤 매체보다 효율적이고 확장적이며 가속적입니다.

특히 최근 기술의 발달로 인해 인간은 항상 몸에 지니고 다닐 수 있는 외뇌(네트워크에 연결된 스마트 기기)를 갖게 되면서, 그 어느 때보다도 활용도가 높은 초강력 외뇌 시스템을 확보했습니다. 이제는 외뇌가 단순히 지식과 정보를 저장하는 데 멈추지 않고, 인간에게 필요한 작업을 스스로 처리합니다. 외뇌에 저장된 지식과 정보를 특정 작업을 수행할 수 있는 인공지능 시스템과 결합시키는 것입니다. 일부에서는 인간의 생물학적 뇌를 외뇌에 직접 연결하는 방법을 시도하고 있으며 초보적인 수준이지만 약간의 성공 사례들이 나오고 있습니다. 앞으로 이 부분이 어떻게 발전할지 알 수는 없지만, 적어도 인간이 외뇌를 더욱 적극적이고 일상적으로 활용할 것이라는 점은 분명합니다. 이미 포노사피엔스는 디지털 네트워크 외뇌와 한 몸이 되었기 때문입니다.

현대 디지털 네트워크 지식 시대의 천재는 생물학적 뇌와 외뇌 시스템을 자유자재로 활용해 지식의 생산-저장-유통-재생산 시스템에 직접 참여할 뿐만 아니라, 스트리밍 지식의 활용과 도전을 일상으로 수행하는 사람입니다. 따라서 이 시대의 천재는 자신의 욕망은 물론 사람들의 욕망을 파악하고, 그 욕망을 실현하기 위해 필요한 지식과 정보를 현실에 활용하기 위해 도전하는 사람들입니다. 우리는 이들을 크리에이터, 창업가entrepreneur라고 부릅니다. 포노사피엔스는 디지털 네트워크 지식 시대의 핵심 세대, '창의적 세대creative generation'입니다.

마블의 인기 영화 시리즈 《닥터 스트레인지Doctor Strange》에 나오는 스티븐 스트레인지는 원래 물리적 공간에서 실제 인간을 치료하는 신경외과 전문의사였습니다. 큰 사고를 당해 손을 마음대로 쓸 수 없는 상황에 처하자 네팔에서 신령한 힘으로 병을 치료한다는 마스터를 찾아 새로운 능력을 배워 손을 치료합니다. 이뿐만 아니라, 시공간을 자유롭게 넘나들 수 있는 통로를 운용하는 능력을 얻게 됩니다. 닥터 스트레인지는 자신이 원하는 시간과 공간으로 자유롭게 이동할 수 있습니다.

기존의 타임머신이나 시간여행 이야기와 닥터 스트레인지의 다른 점은 모바일 세상을 대표한다는 점입니다. 전설 속 시간여행은 동굴과 같은 특정 장소를 어렵게 찾아가고, 과학영화 속 시간여행은 거대한 기계장치를 찾아가거나 특정 상황이 있는 환경을 찾아간다는 점에서 포노사피엔스의 시공간 여행과는 질적으로 다릅니다. 예를 들어, 영화 《백 투 더 퓨처Back to the Future》에서는 초고압 전기장치에 특정 장치를 탑재한 자동차를 통해 접속하기 위해 노력하고, 《어벤저스: 엔드 게임Avengers: Endgame》에서는 양자원리를 활용한 거대한 타임머신을 찾으러 갑니다. 하지만 닥터 스트레인지는 자신의 손으로 바로 시공간을 여행할 수 있는 게이트를 열고 닫습니다.

포노사피엔스는 디지털 네트워크를 자유롭게 드나들며 필요한 지식과 정보를 끌어모아 세상을 바꿉니다. 스마트 기기와 네트워크를 활용해, 지식과 정보의 시공간을 넘나드는 게이트를 끊임없이 만들고, 열고 닫으며, 날아다닙니다. 지금의 40~50대도 인터넷 세대라고 할 수 있지만, 이들은 데스크 탑에 고정된 게이트를 운용하던 세대입니다. 하지만 모바일 세상이 열리면서부터 포노사피엔스들은 언제 어디에서나 자신들이 원하는 것이 생기면 바로 게이트를 만들어냅니다. 포노사피엔스야말로 지식과 정보 세계의 '닥터 스트레인지들'입니다.

•••• 포노사피엔스의 뇌가 잘리고 있다

대한민국의 학교는 지금 스마트폰과 전쟁을 벌이고 있습니다. 학생들은 등교할 때 스마트폰 전원을 끄고 학교에 맡겨둬야 합니다. 학교는 학생들이 스마트폰을 들고 있는 한 교사가 수업을 할 수 없고, 학생들을 수업에 집중시킬 수도 없다고 생각합니다. 나아가 스마트폰이 지식과 정보를 전달하는 교사의 권위에 도전하는 '교실의 역적'이라고 치부합니다. 교사의 신성한 수업을 위해 무도하고 잡스러운 괴물과 같은 스마트폰을 먼저 처치해야 한다고 생각합니다. 그래서 교사들은 스마트폰을 수거해 가방이라는 감옥에 감금합니다.

스마트폰을 빼앗긴 포노사피엔스는 학교에 들어서는 순간, 뇌가 잘려나가는 듯한 아픔과 분노를 느낍니다. 학교 밖에서는 네트워크에 연결되어 인공지능의 도움을 받아 활발하게 움직이던 뇌가, 학교 안에서 오로지 종이와 연필만 가지고 생각하고, 활동하고, 문제를 해결하는 전근대 시대로 시간여행을 강제당합니다. 스마트폰을 빼앗긴 포노사피엔스 학생들은 제대로 생각할 수도 집중할 수도 없으며, 무엇을 어떻게 해야 하는지 혼란스러워 합니다.

모든 걸 생물학적 뇌에 담고 끄집어내고, 계산하고 연결해서 뭔가를 내놓아야 하는 강제된 학습노동이 스트레스 수치를 끝까지 끌어올립니다. 머리가 터져버릴 것 같다고 느끼는 포노사피엔스는 '이놈의 학교를 그만둬야지' 하고 날마다 생각합니다. 교사들도 수업에 집중하지 않고 딴짓을 하거나, 아예 누워 자거나 자는 척하는 학생들을 대상으로 나름대로 고군분투 중입니다. 이런 학생들을 데리고 교사들은 국가교육과정과 교과서의 내용을 생물학적 뇌에 집어넣으려고 적진에 홀로 뛰어든 병사처럼 전쟁을 치릅니다. 교사와 학부모는 이런 아이들에게 스마트폰까지 쥐어준다면, 교실은 완전히 난장판이 될 거라고 생각합니다. 학생들은 교과서나 수업 내용에 집중하지 않고, 게임부터 온갖 SNS까지 돌아다니며 중구난방이 될 것이고, 교실 수업은 완전히 실패할 거라 여깁니다.

문제는 포노사피엔스에게도, 교사에게도 있지 않습니다. 디지털 네트워크 지식 시대의 교육을 근대학교 방식으로 수행하는 상황에서 학생과 교사 모두 희생양이 된 것뿐입니다. 학생들을 교과서의 내용을 일방적으로 전달할 대상이 아닌, 스스로 디지털 네트워크에서 지식과 정보를 찾아내 주변 세계와 자신의 삶을 끊임없이 새롭게 만들어가는 혁신가, 실천가, 창업가, 크리에이터로 대하는 학교와 수업이 필요합니다.

포노사피엔스 학교에서는 생물학적 뇌는 창의적이고 문제해결적 활동에 활용하고, 기존에 존재하는 지식과 정보를 찾고 불러내는 일은 외뇌에 담당시키는 방식으로 수업이 이루어져야 합니다. 학교가 이렇게 운영된다면 교사가 학생들과 스마트폰을 두고 전쟁을 벌일 필요가 있습니까? 오히려 디지털 네트워크와 스마트폰을 교사와 학생들의 인공지능 비서로 활용할 수 있지 않습니까?

　　최근 많은 지역에서 학생들에게 태블릿 컴퓨터를 비롯한 스마트 기기를 보급하는 정책을 추진하고 있습니다. 환영할 만한 변화지만 안타까운 점이 있습니다. 기존의 국가교육과정 체제, 교과서 세도, 수능시험 체제와 상대평가 체제를 그대로 두고서는 많은 변화를 기대하기가 어렵습니다. 교실에 스마트 기기만 들여놓는 것은 교과서와 종이책으로 수행하던 일을 스마트 기기로 대체하는 것과 다르지 않습니다. 교사의 말 대신 스마트 기기 동영상으로 전달한다거나, 더 많은 지식과 정보를 암기하기 위한 반복학습을 시키는 도구로만 사용하는 상황이 될까 걱정입니다. 학교 시스템과 운영체제가 포노사피엔스에 적합한 방식이 아닌 경우, 성능 좋은 도구는 오히려 과거의 불합리를 더욱 공고히 하는 수단이 될 수도 있습니다.

物有本末 事有終始 知所先後 則近道矣

(물유본말 사유종시 지소선후 즉근도의)

사물에는 본질적인 부분과 지엽적인 부분이 있고, 일에는 먼저 해야 할 것과 나중에 해야 할 것이 있으니, 이를 잘 알아 처리하는 게 제대로 배우는 길이다. -《대학》중에서

    동아시아, 특히 성리학자들과 조선의 선비들은 4서를 모든 학문의 출발이자 핵심으로 추앙했습니다. 그중에서도 배움, 학습에 관한 최고의 경전은 《대학》입니다. 《대학》에서는 배움의 궁극적 목적과 핵심 방법을 3강령 8조목으로 제시하고 있습니다. 이 학습의 원칙을 수행하는 나침판으로 사물의 근본과 말단, 일의 순서를 제대로 인식해야 한다고 강조합니다.

    전근대의 필사지식 시대나 근대의 인쇄지식 시대 사이의 공통점을 찾는다면 교육과 학습의 순서와 체계가 제시되어 있다는 점입니다. 경전의 중요도나 내용상의 선후관계, 혹은 학문 분류체계상 기초나 원리 측면에서부터 분야별로 심화된 내용이나 응용 분야로 전개되어가는 방식입니다. 두 방식 모두 객관적으로 제시된 순서를 따라 교육과 학습을 조직하는 방식입니다. 이와 같은 방식

은 기초에서 심화와 응용으로, 쉬운 부분에서 어려운 부분으로 진행되어 간다는 점에서 '전방향식 교수학습법forward teaching and learning'이라고 할 수 있습니다. 이와 같은 순서와 체계를 따르는 전방향식 교수학습법은 지식과 정보를 담고 있는 매체를 쉽게 접할 수 없던 시절에 사회적으로나 개인적으로 효율성을 높이기 위한 교육법 및 학습법이었다고 할 수 있습니다.

근대산업사회, 인쇄지식 시대의 교육법과 학습법, 구조화되고 체계화된 학습법을 가장 잘 구현한 것이 대한민국의 국가교육과정과 교과서입니다. 초중고 교과목 체계는 바로 근대사회가 고안한 도서관의 학문 분류체계, 도서 분류체계를 학교의 교과목, 수업시간 및 선수과목 체계로 옮겨놓은 것이라고 할 수 있습니다. 그리고 대학의 학과 및 전공 분류체계 또한 근대 인쇄지식 사회의 지식과 정보의 구조화, 체계화 결과를 그대로 반영하고 있습니다.

생각해보면 지식과 정보, 개념과 이론은 본래 선형적이거나 순차적이지 않습니다. 모든 지식과 정보는 다각도로 연관이 있습니다. 가장 체계적이고 순차적이라고 생각하는 수학만 생각해봐도 기초 연산과 대수 정도를 제외하면, 각자 별개의 영역으로 다룰 수 있을 뿐더러 다양한 순서와 방향으로 연결할 수 있습니다. 미적분을 하지 않아도 집합을 공부할 수 있고, 도형을 하지 않아도 통계나 확률을 학습할 수 있습니다. 그리고 수학의 모든 영역들은 다른 영역들과 다양한 관계선으로 연결되어 있습니다. 대수와 기하, 통계, 미적분 등은 서로 긴밀히 연관되어 있습니다. 과학이나 역사, 경제 분야도 마찬가지로 다양한 개념과 이론들이 무수히 많은 관계선으로 연결되어 있습니다.

디지털 네트워크 지식 세계는 다차원의 관계망입니다. 따라서 선후나 본말을 논하기 어렵습니다. 모든 개념, 이론, 지식, 정보가 다양한 경로를 통해 서로 연결되어 있습니다. 모든 개념이 거의 모든 개념과 다차원의 관계를 맺고 있습니다. 어느 것을 잡아 당겨도 다른 것들이 함께 끌려 나오는 방식으로 구성되어 있는 관계망입니다. 그래서 검색엔진은 검색하는 키워드를 중심으로 무수히 많은 관련 개념, 이론, 지식과 정보를 입체적으로 보여줍니다. 종이 매체에 기초한 지식은 선형적이고, 순차적이며, 일방향이어서 관계성마저 교사나 학습자가 스스로 연결해내야 합니다. 이와 달리 디지털 네트워크 지식은 지식과 정보 자체가 연결 속에서 생겨나고 유통되며 저장되고 재생산됩니다.

•••• 포노사피엔스의 '후방향 학습법'

지식과 정보의 관계망인 디지털 네트워크 지식 속에서 살아가는 포노사피엔스는 학습을 수행함에 있어 선후나 본말을 중시하지 않습니다. 포노사피엔스들은 언제 어디서나 학습할 수 있으며, 정해진 순서가 아닌 다양한 경로로, 여러 가지 방법으로 학습할 수 있는 플랫폼이 있기 때문입니다. 포노사피엔스는 전통적인 종이매체 시대의 근본에서 지엽으로, 기초에서 심화로, 앞에서 뒤로 가는 배움방식보다는 오히려 지엽말단에서 출발해 점차 근본으로 파고들고, 실제 응용활동을 통해 기초를 배우고, 뒤에서 시작해 앞으로 배워가는 경향이 강합니다.

포노사피엔스는 삶의 현장에서 접하게 되는 지엽적인 사건들, 개별적인 사물들, 개인적인 경험들 속에서, 특히, 자신의 관심이 쏠리는 일상의 사건과 사물에서 출발해서 본질, 원리, 실행 방법을 파고듭니다. 기존 세대의 학습이 근본에서 말단으로, 앞에서 뒤로 학습해가는 '전방향 학습법forward learning'이라면, 포노사피엔스의 학습은 반대로 지엽말단에서 출발하여 근본으로 파고들고, 뒤에서 시작해서 앞으로 배워가는 '후방향 학습법backward learning'입니다.

포노사피엔스의 학습법은 기성세대의 학습법에 비해 매우 효과적입니다. 먼저 후방향 학습법은 학습자의 내재적 학습 동기를 이끌어낼 수 있습니다. 자신이 일상에서 스스로 체험하는 문제에서 출발해 해당 문제의 근원으로 파고들기 때문에 학습동기가 매우 높습니다. 현실과 유리된 원리원칙과 기본 개념으로부터 학습을 유도하는 교육법은 오로지 지적 호기심에 호소합니다. 그러나 지적 호기심을 가지고 이를 추구해가는 사람은 매우 드뭅니다. 그러다 보니 학생들이 근대학교 환경에서는 소외감을 느끼고 학습에 흥미를 잃기 쉽습니다. 반면에 자신의 일상적 경험, 피부에 와 닿는 사건, 스스로 호기심을 가지고 있는 사물에서 시작해 관련된 정보를 찾아가며 스스로 하나의 지식체계를 만들어가는 과정은 그 자체로 자신의 일을 만들어가는 즐거운 과정이 되기 때문에 높은 학습동기를 유발합니다.

학생들이 학교 주변의 교통체계 개선을 위한 프로젝트, 학교 화장실을 청결하게 유지하기 위한 대안을 마련하는 프로젝트, 기후위기를 극복하기 위한 학교별 프로젝트 등을 수행하면서 다양한 생활 속 문제를 직접 해결해나가는 활동을 통해 자신의 노력으로 삶의 공간과 환경을 바꿀 수 있다는 성취감을 맛보는 경험이 중요합니다. 이러한 경험이야말로 학생들의 삶을 변화시키는 "도전하면 뭔가 해결책을 찾을 수 있다"는 자기효능감을 부여합니다. 지엽 말단에서 출발하고, 뒤쪽 끝에서 출발하는 포노사피엔스 학습법은 높은 효능감을 주는 학습법입니다.

포노사피엔스는 개인주의자 &
평등주의자

•••• 포노사피엔스는 모두 개인주의자이다

아이들이 초등학교 저학년 시절의 일입니다. 주말 오후쯤에 저는
아이들에게 선심을 쓰듯 말했습니다.

"아빠가 짜장면 사줄게! 우리 짜장면 먹으러 가자!"

저는 아이들이 "와 신난다!"를 외치면서 옷 입고 나갈 준비를
할 것이라 기대했습니다. 그런데 두 아이의 표정은 제 예상과 전혀
달랐습니다. 첫째가 물었습니다.

"왜 아빠 맘대로 짜장면으로 결정하는데?"

순간 저는 얼어붙었습니다.

"그럼 어떻게 하고 싶은데?"

"나는 피자가 먹고 싶은데, 왜 아빠가 짜장면으로 결정해?"

그 이후부터는 항상 아이들에게 무엇을 주문하고 싶은지 묻게 되었고, 요즘에는 아예 아이들이 스스로 주문합니다. 가끔은 저를 시켜 주문을 하기도 하고, 제가 원하는 것이 무엇인지를 묻기도 합니다.

포노사피엔스는 개인주의자입니다. 개인주의자는 스스로 판단해 선택하고, 그 결과에 책임을 지는 사람입니다. 개인주의자는 집단과 사회에 종속되지는 않지만, 사회적 연대와 집단 내 자신의 의무에 대해서도 소홀하지 않습니다. 그러나 자신의 선택과 결정 그리고 책임과 권리를 무시하고 일방적으로 따르라고 하거나, 선택을 방해하는 상황에 놓이면 격렬히 저항합니다. 현재 한국에 살고 있는 포노사피엔스는 모두 개인주의자라고 할 수 있습니다.

왜 이들은 모두 개인주의자가 되었을까요? 먼저 가장 큰 변화는 사회경제적 변화입니다. 사회의 경제적 수준과 사회문화적 가치가 변하면 구성원들의 태도와 문화도 변합니다. 가난하고 후진국 수준에 머물러 있을 때에는 사회나 가족이나 개개인의 가치, 욕망, 지향을 다 고려해줄 여력이 없습니다. 따라서 개인의 요구, 개개인의 목소리는 들리지 않습니다. 그러나 사회의 수준이 높아지면 보다 세분화된 집단, 나아가 개개인의 목소리가 커지고, 사회문화적 환경도 개개인을 배려하는 쪽으로 서서히 전환됩니다.

경제적 수준이 개인주의와 관련성을 가지는 것입니다. 예를 들어, 전 국민적 인기를 끌었던 드라마 《응답하라 1988》에서 볼 수 있듯이 1980년대까지는 한 가족이 여러 개의 방을 사용하는 경우가 거의 없었고, 한 가족의 크기도 지금의 두 배 이상으로 5~8명 정도의 가족 구성원이 한두 개의 방에서 살았습니다. 가족 구성원 여럿이 하나의 방을 공동으로 사용할 때에는 개인주의적 행동과 태도가 자라날 수가 없습니다. 모두가 집단의 생활방식과 행동양식을 따라 살아가야만 합니다. 그렇지 않으면 가족이나 주변인으로부터 비난받기 때문입니다.

1990년대 후반 1인당 국민소득 1만 달러 시대를 달성한 이후, 한국이 지속적으로 성장하면서 이제 모든 가족 구성원들에게 각자의 방을 제공할 수 있을 만큼 풍족한 사회가 되었습니다. 가족당 구성원도 2~4명 정도밖에 되지 않습니다. 방의 크기는 두 배가 되었고, 가족 구성원 규모는 절반이 되었습니다. 대부분 각자의 방을 가지고 살게 되면서 자신의 방 안에서는 자신만의 방식대로 결정하고 살아가기 시작했습니다. 이렇게 자라난 사람들이 개인주의자가 되지 않는다면 이 또한 이상한 일이죠.

1960년대 후반 프랑스에서 학생혁명으로 시작되어 유럽을

휩쓴 68운동이 있었습니다. 기성세대와 가부장적 권위주의에 저항한 68운동 세대가 가진 개인적이고 자유분방한 사고와 행동양식의 근원에 대한 여러 가지 해석이 있습니다. 그중 2차 세계 대전 이후 유럽에서 핵가족이 일반화되고 중산층이 급증하던 시기, 즉 현대적 주거양식이 대중화되던 시기에 자랐기 때문이라는 해석이 있습니다. 68운동 세대가 청소년기에 개인 방을 쓰고, 자신만의 선호가 허용되는 문화 속에서 자랐기 때문이라는 겁니다. 한국의 MZ 세대는 유럽의 68운동 세대와 비슷한 사회문화적 분위기 속에서 자라났다고 볼 수 있습니다. 이로 인해 이전 세대에 비해 매우 개인주의적인 특성을 가지게 되었으리라 생각합니다.

최근 정보통신기술의 발달과 미디어의 폭발적 성장으로 개인주의적 성향은 더욱 강화되고 있습니다. 이제 모든 개인들은 자신만의 전화와 SNS 채널을 가지고 있습니다. 온 가족이 하나밖에 없는 텔레비전 앞에 모여 뉴스나 드라마를 함께 보던 시절은 지나갔습니다. 스트리밍 서비스로 각자가 자신의 취향에 맞는 뉴스, 드라마, 영화, 음악을 소비하는 시대가 되었습니다. 이제는 부부도 서로 다른 드라마를 보고 다른 뉴스를 들으며, 서로 충돌하는 정보를 접하는 시대입니다. 사람들이 개인주의자가 되지 않을 수 없습니다. 하물며 새로운 세대는 더욱 그렇습니다.

개인주의자는 자유와 선택, 결정권과 자기 책임을 매우 중요하게 생각합니다. 지구상에서 가장 개인주의 문화가 강한 국가는 미국이라고 할 수 있습니다. 미국인들은 개인이 가진 선택의 자유와 자기 결정권을 매우 중요시 여깁니다. 미국 박사 학위과정을 이수하던 때에 두 학기 동안 학부 학생들에게 '행정학 입문'을 가르칠 기회가 있었습니다. 정부 정책을 다양한 측면에서 논의하는 수업이라 미국의 의료보험제도 개혁에 관한 이야기도 나왔습니다.

당시 미국은 '오바마 케어Obamacare'에 대한 논의가 막 시작되던 시점이었습니다. 저는 기본적인 복지제도인 의료보험의 중요성에 대해 논의하려고 미국과 영국의 의료보험 정책을 비교했습니다. 당시 통계에 따르면 미국은 영국보다 GDP 대비 대략 1.5배 이상의 비용을 의료부문에 지출하고 있었습니다. 그러나 미국인의 평균 기대수명은 영국보다 낮았고 국민의 질병률 또한 미국이 더 높았습니다. 하지만 학생들의 반응은 뜻밖이었습니다. 학생들은 영국식 의무 의료보험제도보다 미국식 선택형 민간 의료보험이 더 좋다고 답했습니다. 거수를 통해 의견을 물어보니 2/3 이상이 미국식 선택형 의료보험 정책을 선호했습니다. 선뜻 이해가 되지 않아 손을 든 한 학생에게 이유를 물었습니다. 답은 간단했습니다.

"저는 개인이 스스로 선택할 수 있는 기회를 더 중요하게 생각합니다."

최근 한국의 청소년도 유럽의 68세대 그리고 미국의 젊은이들처럼 개인의 선택, 자유, 자기 결정, 책임을 중시하는 문화 속에서 살고 있습니다. 포노사피엔스들은 한국의 어느 세대보다도 개인주의적입니다. 그러나 현재 한국의 교육과정과 평가체제는 그 어떤 나라보다 집단주의적이고 국가주의적입니다. 학생들이 배워야 하는 내용과 과정이 국가에 의해 정해지기 때문입니다. 설령 시도별, 학교별로 약간의 변용이 있다 하더라도, 학교별 줄세우기 평가(상대평가)인 내신성적 체제와 전국적 줄세우기 평가인 수능 체제에 의해 학교교육은 표준화되고 획일화됩니다. 어려서부터 자신이 선택하고, 자신의 결정을 스스로 책임져 왔던 포노사피엔스는 학교에 들어오는 순간, 모든 것을 국가가 지시하고 결정한 대로 그리고 학교와 국가가 평가한 순위대로 따라야 합니다.

유럽 국가의 수능 체제(바칼로레아, 아비투어, GCSE 등)는 대부분 선택형 절대평가입니다. 동일한 교과목을 선택해 시험을 보는 경우에도, 학생들은 제시된 여러 개의 문제나 주제 중 하나를 선택해 답할 수 있습니다. 그리고 다른 학생들의 답안과 비교하여 점수를 받는 게 아니라 타당성과 창의성 수준에 따라 평가받는 절대평가 방식입니다. 학생의 주장이 평가 기준을 충족하는지, 충분히 적합하게 서술했는지에 따라 평가를 받습니다. 시험과목을 선택하는 자유 또한 매우 넓게 허용됩니다. 반면 한국의 포노사피엔스는 학교에 들어간 순간부터 스스로 선택하는 과정을 수행할 수 없습니다. 국가교육과정, 교과서, 내신평가, 수능평가에 이르기까지 모두가 강제 사항입니다.

디지털 네트워크는 개인주의자 포노사피엔스가 마음껏 뛰놀 수 있는 최고의 시스템입니다. 그 어느 시대보다 개인의 선택과 결정을 지원할 수 있는 디지털 네트워크 지식 시대에 학교는 여전히 정해진 궤도만을 강제하고 있습니다. 학부모와 교사는 요즘 청소년들이 학습동기도, 생기도 없다고 불평합니다. 그러나 이는 개인주의자들에게 가장 큰 동기유발이 되는 자유와 선택의 기회, 그리고 스스로 결정하고 실천할 수 있는 여건이 충족되지 않았기 때문입니다. 이제 주어진 궤도를 따라 달리도록 강제하는 국가주의적 근대학교를 종식시켜야 합니다. 디지털 네트워크 지식 시대, 즉 지식 스트리밍 시대에 사는 개인주의자 포노사피엔스를 위한 교육체제를 만들 때입니다.

교육 역사에서 교사의 역할이 단순한 내용 전달인 적은 없었습니다. 어느 시대에나 바람직한 교육자상은 지식의 전달이 아니라 지식을 바탕으로 올바르게 사고하고 행동하는 인간을 길러내는 일이었습니다. 필사지식 시대에도 교육의 목적은 경전을 외우는 것이 아니라 경전을 통해 삶의 자세를 배우고 익혀, 사회 현장에서 올바르게 실행하게 하는 일이었습니다. 인쇄지식 시대에도 도서관에 보관된 지식과 정보를 잘 활용해 삶의 과제와 개인 삶의 여정을 잘 수행할 수 있는 실천력을 키워주는 일이었습니다. 디지털 네트워크 지식 시대의 교육도 마찬가지로 스트리밍 되는 무한한 지식과 정보를 스스로 판단하고 선택해, 자신의 삶에서 실행으로 엮어내는 힘을 길러주는 일이 되어야 할 것입니다.

···· 일상에서 평등을 구현하라

젊은 세대의 문화적 반란이 거세게 일어나고 있습니다. 이들은 이미 기업문화에 커다란 변화를 가져오기 시작했고, 이들에 대해 다룬 책들은 베스트셀러가 되고 있습니다. 이들의 문화적 특징을 몇 가지로 요약한다면 개인주의, 경험주의, 평등주의, 물질주의, 욕망 중시, 현실주의 등으로 요약할 수 있습니다. 그중에서 평등주의적 성향은 기업의 조직문화에 큰 영향을 끼치고 있을 뿐만 아니라 정치·사회문화적인 면에서도 영향력이 강해지고 있습니다.

현재 포노사피엔스는 10대부터 30대에 이르는 세대가 중심을 이룬다고 할 수 있습니다. 이들은 정치·경제·사회문화 속에서 일상적 평등이 지켜지지 않으면 분노하며, 평등주의가 개인주의와 결합한 모습을 보이고 있습니다. 포노사피엔스의 평등주의는 정치적 평등을 요구하던 부모 세대의 평등주의와 다릅니다. 이들은 일상의 삶 속에서도 평등한 대우와 조건을 요구합니다. 포노사피엔스는 가정에서 아들과 딸을 차별하는 문화를 참을 수 없으며, 사회적으로 여성과 남성을 차별하는 것, 나이가 많거나 적은 사람을 차별하는 것도 용인할 수 없습니다. 나아가 부모와 자녀, 교사와 학생 간에도 평등할 것을 요구합니다.

최근 한 대기업의 논란을 통해서도 포노사피엔스의 평등주의를 짐작해볼 수 있습니다. 해당 기업은 막대한 영업이익을 기록했고, 연말에 성과급 지급계획을 발표했습니다. 그런데 한 20대 직원은 모든 임원과 사원에게 이메일을 보내 임원의 성과급 결정기준과 그 기준이 일반사원의 성과급 지급기준과 어떻게 다른지 공개할 것을 요구했습니다. 이후 많은 젊은 직원들이 이 요구에 합세하자, 해당 기업의 대표는 결국 사과하며 개선을 약속했습니다. 인사담당자들은 포노사피엔스의 이러한 행동에 곤혹스러워하고 있지만, 갈수록 많은 수의 포노사피엔스가 조직 내에서 상하좌우를 막론하고, 투명하고 공정한 기준 적용과 공개, 그리고 소통과 합의를 요구하고 있습니다.

부모 세대는 지배자-경영진-상사들의 결정에 불만을 가지지만, '절이 싫으면 중이 떠나라'는 식으로 생각하고 행동합니다. 이들은 '나는 불만이지만 집단과 조직을 위해서' 혹은 '조직 속에서 나는 일개 개인이니까'와 같이 생각합니다. 반면 포노사피엔스는 '절도 중이 만든다' 혹은 '내가 절이다'라는 방식으로 생각합니다. 상사와 자신 그리고 조직과 자신 사이도 평등해야 합니다. 개인인 자신도 조직 못지않게 중요하다고 생각하는 것입니다.

2016년 하반기, 전국을 뒤흔든 촛불혁명의 과정에서 나타난 포노사피엔스의 평등주의를 생각해봅시다. 부모 세대는 헌법 제1조가 이념적이고 자신과는 상관없는 먼 이야기로 치부하는데 비해, 포노사피엔스는 헌법, 법률, 학칙, 문구, 현실이 같아야 한다고 생각하고 행동합니다. 이들에게 부모들의 언행불일치는 용서할 수 없는 일입니다. 부모 세대에게는 언행이 불일치하는 현실이 일상적이었지만, 포노사피엔스는 아닙니다. 이들은 학교, 교육청, 청와대, 인권위원회, 심지어 헌법재판소에 민원을 내고, 청원을 하고, 진정서를 내고, 헌법 소원을 청구합니다. 일상에 나타나는 차별과 불합리를 끊임없이 지적하고 항의하고 수정하려 합니다.

초등학생이 제가 근무하는 교육청에 민원을 제기한 적이 있습니다. 코로나19 시기에 등교수업과 재택수업이 수시로 변경되면서, 학생들이 사물함에 있는 모든 책을 집으로 가져갔다가 다시 학교로 들고 와야 했습니다. 설상가상으로 학교에서 마실 물까지 가방에 넣고 다녀야 하는 초등학생이 항의성 민원을 낸 것입니다.

"코로나로 학교수업이 있을 때마다 책과 학용품을 가득 넣은 가방을 매고 등교하기가 힘들어요. 하루 종일 마실 물까지 책가방에 넣고 다니니까 너무 무겁습니다. 가방이 무거운 것은 참을 수 있어요. 그런데 교무실에는 정수기가 있어서 선생님들은 가방도 없고 물도 챙기지 않고 다닙니다. 어린 우리들은 왜 이런 무거운 짐을 지고 다녀야 합니까? 교육감님, 저희들도 선생님들처럼 물을 들고 다니지 않아도 되도록 학교 복도마다 정수기를 설치해주세요."

다른 사례로 수시-정시 입시 논쟁을 살펴볼까요? 포노사피엔스는 투명하고 객관적인 평등성을 요구합니다. 기성세대가 수시에서 개별적 합리성과 내용적 타당성을 볼 때, 포노사피엔스는 수시전형의 불투명성과 금수저와 흙수저의 차별, 부모 찬스의 불공정성을 봅니다. 이들은 그 어떤 세대보다 평등한 대우, 공평한 조건을 중요시합니다.

•••• 평등주의는 디지털 네트워크 혁명의 산물

포노사피엔스의 평등주의는 한국사회의 민주화와 경제적 성장에 힘입은 바가 큽니다. 그러나 이것 못지않게 디지털 네트워크 지식 시대의 영향이 큽니다. 디지털 네트워크상에서는 누구도 나이, 성별, 성적 지향성, 사회경제적 지위, 종교, 장애 여부 등에 따라 차별받지 않으며, 각자의 특성과 역량으로 평가받고 소통합니다. SNS,

게임, 팬덤 조직에서도 이들은 각자 하나의 개인으로 평등하게 소통하고 협력합니다.

포노사피엔스의 팬덤 문화는 부모 세대의 오빠부대 문화와 전혀 다릅니다. 부모 세대는 자신이 좋아하는 대중스타의 의상, 행동, 스타일을 따라하면서 지지하는 일방향적이고 소비적인 팬 문화라고 할 수 있습니다. 반면 포노사피엔스의 팬덤 문화는 스타와 함께 만들어가는 공동생산적인 활동이며, 스타와 일상적으로 소통하고 공감하는 문화입니다. 이들은 스타의 활동과 작품에 대해 조언하고 함께 만들어갑니다. 팬들이 앞장서 마케팅을 하고, 각종 이벤트를 조직해 스타를 만들어갑니다. 포노사피엔스에게는 스타도 떠받들고 추앙만 하는 대상이 아니라 자신과 평등한 존재로 서로 돕고 지지하는 함께 성장하는 파트너로 인식합니다.

포노사피엔스의 팬덤 문화에서 가장 중요한 것은 평등하고 민주적인 소통과 협력체계입니다. 이들은 민주적인 원칙에 따라 팬클럽을 운영합니다. 팬클럽 리더를 스스로 선출하고, 리더와 함께 모든 활동을 조직하고 실행하며 수평적 조직을 운영합니다. 여기서는 나이, 출신, 학력, 사회경제적 환경이 아무런 의미가 없습니다. 고등학생과 대학생이 지역 리더 역할을 하기도 하고, 50대 성인이 구성원이 되기도 합니다. 팬클럽은 네트워크로 운영 상황과 주요 활동을 서로 공유하며 함께 평가하고 수정해나갑니다.

다른 예로 포노사피엔스 세대의 게임 문화를 들 수 있습니다. 최근의 게임은 대부분 네트워크상에서 이루어지며, 많은 게임이 팀을 이루어 경쟁하거나 서로 역할을 정해 협력하는 게임이 많습니다. 이와 같은 게임 활동에서는 나이도 성별도 학력이나 경력도 아무런 의미가 없습니다. 누가 게임에 정통한지, 빠르고 정확하게 상황을 판단해 팀을 승리로 이끌 역량을 갖추었는지가 역할을 나누는 유일한 기준입니다. 따라서 중학생이 팀장이 되고 20~30대 회사원들이 팀원이 되어 함께 팀플레이를 수행합니다. 포노사피엔스들은 어릴 때부터 네트워크상에서 기존의 상하관계와는 전혀 다른 수평적 관계 맺기를 수행하고 그 문화 속에서 성장했습니다. 포노사피엔스들은 어려서부터 평등주의자로 성장했습니다.

디지털 네트워크 지식 시대는 교육자와 학습자, 전문가와 비전문가, 성인과 아동의 구분이 불필요합니다. 지구온난화 문제에 대해 전문가보다 더 많은 지식과 정보를 지니고, 매우 절실하게 나서서 실천하는 비전문가, 청소년, 학생이 존재할 수 있는 세상이 되었습니다. 강대국의 정보전문가보다 더 뛰어난 '비전문가'들이 주요국의 정보기관 서버를 해킹할 수 있는 시대가 된 것입니다. 이제 어린이들이나 학생들은 교사, 성인, 전문가의 손을 빌리지 않고 스스로 배우고, 서로 연결되어 함께 활동할 수 있는 포노사피엔스가 되었습니다.

포노사피엔스는 지식과 정보가 '평평한 지구'에서 태어난 새로운 인류입니다. 수직적이 아닌 수평적인 관계가 익숙한 포노사피엔스야말로 진정으로 민주주의를 이해하는 세대가 될 것입니다. 민주주의의 역사는 부유한 소수, 귀족들이 누리던 삶의 수준과 권리를 일반인에게 확대해온 역사라고 할 수 있습니다. 월마트의 모토motto 중 하나는 "부자들이 누리는 삶을 가난한 사람도 누릴 수 있도록 하자!"라고 합니다. 월마트가 자신의 모토에 상응하는 노력을 하는지는 잘 모르겠지만, 많은 사람들이 월마트의 모토에 호감을 표시했을 듯합니다. 민주주의를 사는 모든 사람의 소망을 담고 있기 때문입니다.

민주주의의 위대함은 모든 인간이 개인적 삶에서뿐만 아니라 정치와 사회생활의 모든 영역에서도 주체로서 자리 잡도록 지지하는 데 있습니다. 그리고 전통사회에서 귀족, 특정한 신분이나 지위를 지닌 사람들에게만 부여되었던 권리와 책임을 모든 시민이 요청받고 실천할 수 있도록 했다는 점입니다. 지금까지의 민주주의는 일상 속에서의 차별, 수직적 관계, 나이나 지위에 따른 차별을 용인하는 한계를 지녔지만, 이제 포노사피엔스는 모든 사람이 동등하게 관계 맺는 진정으로 평등한 민주주의를 완성하고 싶은 것입니다. 포노사피엔스는 모두가 진정으로 평등한 새로운 민주주의의 첫 세대가 될 것입니다.

부모가 되고 보니, 제 아이들은 제가 어릴 적과는 생각하고 행동하는 게 완전히 달랐습니다. 학교와 주변에서 보고 듣고 배우는 것이 다르기 때문이겠지만, 우리나라 사람들의 삶의 맥락이 달라졌다는 점도 큰 영향을 미쳤을 것입니다. 아이들은 한편으로는 매우 개인주의적인 사고를 하면서도, 다른 한편으로는 글로벌하게 사고하면서 전 세계의 사건들을 일상으로 접하고, 이에 대해 생각하고 심지어 행동하며 살아갑니다. 기술발달, 경제발전, 통신과 교통의 발전 등으로 삶의 양상이 변했기 때문이라 생각합니다. 아이들은 어려서부터 인터넷으로 연결된 세상에서 살았고, 유튜브를 통해 전 세계에서 일어나는 일들을 실시간으로 볼 수 있었고, 손쉽게 외국인을 만나고 함께 이야기할 수 있고, 또 어렵지 않게 외국에 가고 올 수 있는 세상에 살고 있습니다. 그래서 아이들의 사고와 관점은 이미 글로벌하고, 행동은 세계와 연결되어 있습니다.

　제가 아는 A는 몇 년 전 프랑스 디저트 만드는 법을 배우러 1년 동안 파리로 유학을 갔습니다. 처음 파리 유학을 선언했을 때, A의 부모는 제게 전화를 걸어 조언을 구했습니다. 저도 약간 놀라서 A와 이야기를 나누었습니다. 일단 프랑스어도 모르고 파리에 간다는 게 불안했습니다. 하지만 이미 A는 프랑스어를 상당한 수준으로 할 줄 알았습니다. 국문과를 졸업했고 학교에서 프랑스어를 배운 적이 없는데 어떻게 배웠는지 궁금했습니다.

알고 보니 언어 앱으로 파리 청년을 사귀어 프랑스어를 배운 것이었습니다. 게다가 프랑스 디저트 교육기관을 알아보고는 이미 입학시험을 통과한 상황이었습니다. 파리에서 머물 방도 그 친구의 도움을 받아 부동산 중개인을 통해 계약을 앞두고 있었고요. 이 모든 준비 과정을 만난 적도 없는 이방인과 스마트폰을 통해 처리하고 있었습니다. A는 프랑스 디저트 교육기관의 1년 과정을 마치고, 졸업 작품전에서 우수상을 수상하고는 1년 정도 프랑스 레스토랑에서 디저트 담당으로 일하다 귀국했습니다.

최근 결혼한 제 조카는 데이트 앱에서 미국인을 사귀었습니다. 앱을 통해 서로 만나 연애와 결혼을 할 수 있다는 사실이 놀랍습니다. 부모 세대는 대학가에서 미팅하고, 친지들을 통해 결혼상대를 소개받던 문화를 당연시했지요. 하지만 이 시대의 포노사피엔스도 스마트폰을 통해 세계와 연결되고, 그 속에서 연애와 결혼과 같은 인생 중대사를 처리해가는 과정이 자연스러운 일입니다. 스마트폰으로 연결된 세상에는 국경이 없듯이, 포노사피엔스의 삶의 영역과 활동 무대도 국경이나 지역의 경계가 없습니다. 포노사피엔스야말로 진정한 최초의 '전 지구적 인간'입니다.

포노사피엔스는 어려서부터 지구온난화, 북극곰의 위기, 아프리카의 전쟁과 식량문제, 기아문제, 전 세계 여성의 인권문제, 인종차별과 난민문제, 공정무역과 유전자조작 식품 등에 대해 관심이 많았고 자주 이런 주제로 글을 쓰거나 학교에서 토론을 하고 관련 행사 등에도 참여하면서 성장하고 있습니다. 첫째 아이는 대학에서 건축을 공부하는데, 빈곤층의 주거문제와 저개발국의 주거문제를 함께 고민합니다. 둘째 아이는 켜져 있는 전등을 자주 끕니다. 80세가 넘으신 아버지도 자주 전등을 끄시지만, 아버지는 돈을 아끼려는 개인적인 동기에서 전등을 끄고, 둘째 아이는 에너지 문제와 지구온난화를 걱정해서 전등을 끕니다. 전기를 낭비하거나 물자를 헤프게 쓰면 바로 둘째 아이가 나무랍니다. "엄마 아빠가 지구를 죽이고 있어!" 아이들은 미국이 지구온난화에 대응하는 기후협약인 파리협정에 소극적이고 결국 탈퇴를 했을 때도 미국을 비난했습니다. 미국이 지구를 죽인다고 말이지요.

어릴 적 중학교 한문 시간에 '치국평천하'라는 말을 처음 들었던 듯합니다. 치국治國도 먼 이야기였지만, '평천하平天下'라는 말은 도대체 감이 오지 않았습니다. 제 개인적인 삶의 영역과 사고의 범위가 좁았던 탓도 있었겠지만, 당시 우리나라는 경제·사회문화적 수준이 높지 않아 국내 문제들조차 깊이 고찰되던 시절이 아니었습니다. 그러니 '평천하'는 언감생심이었지요. 1990년대 초중반 취업을 할 즈음에 국제화·세계화라는 말이 미디어에 자주 출현했지만, 여전히 '세계의 평화와 안녕'은 깊게 와 닿지 않았습니다. 하지만 지금의 포노사피엔스 세대는 세계 평화와 안녕에 대해 지대한 관심을 지녔을 뿐만 아니라, 직접 평천하를 위해 행동하는 대한민국의 첫 번째 세대입니다.

'평천하' 문제를 남의 일로 여기던 사회에서 불과 한 세대 만에 세계 기아, 문맹, 전쟁 및 폭력, 가난과 교육, 보건과 성차별, 불평등 교역 문제 등 전 지구적 인류 평화와 안녕을 자기 삶의 문제로 여기는 사회로 변했습니다. 이 놀라운 변화의 중심에 포노사피엔스가 있습니다. 포노사피엔스에게 이러한 문제들은 특별한 사람들만 관심을 가지고 논의하는 문제가 아니라 너무도 평범하고 당연한 일상이 되었습니다.

이에 맞춰 우리 교육 현장에서도 초등학교부터 다문화교육, 세계시민교육이 활성화되고 있습니다. 근대적 국가개념, 국가에 한정된 근대 시민 개념에서 벗어나 전 지구적 차원에서 연대와 협력의 틀을 고민하고, 함께 변화를 추구하는 태도를 교육하고 있습니다. 인종, 종교, 성별, 지역, 국적, 계급에 상관없이 지구촌 시민으로서의 문제를 자신의 삶의 문제로 여기는 새로운 세계시민 정체성을 갖추도록 교육하고 있고, 앞으로 더욱 강화해야 할 것입니다.

포노사피엔스는 네트워크를 통해 세계적으로 활동합니다. 최근 우크라이나 전쟁을 반대하는 청년들의 시위나 몇 해 전 일어났던 홍콩 민주화 운동과 중국 당국의 폭력적 진압에 대한 국제적 연대행동은 특별한 일이 아닙니다. 한국의 청년들은 기후변화 대응을 위해 유럽의 그레타 툰베리Greta Thunberg와 연대하고, 함께 기획하고 실천하며 행동하고 있습니다. 몇 해 전, 전 세계 중고교생들이 280여개 도시에서 그레타 툰베리의 기후위기 대응을 촉구하는 시위에 동참한 사례는 유명합니다.

포노사피엔스는 반핵 평화 운동, 지구온난화와 환경보호운동, 전 세계 모든 이들을 위한 학습과 평생교육을 위한 노력, 멸종위기종을 구하기 위한 환경단체의 노력, 바다로 흘러드는 플라스틱을 막고 바다를 오염으로부터 지키기 위한 운동 등을 도처에서 전개하고 있습니다. 아프리카와 중동, 터키와 시리아, 인도와 파키스탄, 한반도 등등에서 발생하는 갈등과 폭력, 전쟁의 위협은 또한 모든 인류의 문제가 되었습니다. 이제는 전 세계 사람들이 평천하의 권리와 책임을 공유하고 함께 힘을 모아가는 세상이 된 것입니다. 포노사피엔스는 진정으로 수신제가치국평천하로 하나가 되어 일상을 형성하고 규정하는 시대를 살아가는 대한민국의 첫 세대로 등장했습니다. 포노사피엔스는 대한민국 제1세대 코스모폴리탄cosmopolitan입니다.

포노 사피엔스는 노동도 놀이처럼

•••• 재미가 없어서 학교를 못 다니겠다?

2000년 즈음의 일이었습니다. 막내 동생이 대학을 졸업하고, 작은 제약회사 영업직 일자리를 잡아 첫 취직을 했습니다. 제약회사 영업이란 게 날마다 거래처를 찾아다니면서 제품 소개하고 약국에 비치하도록 권유하고, 판촉을 위한 여러 가지 협의를 하는 일인데, 동생의 성격상 사람 상대하는 일을 잘할 걸로 여겨 첫 직장생활이 원만할 것으로 기대했습니다. 사교적이고 사람 만나 이야기하고 사귀기를 좋아하는 동생의 성향으로 보아 적합한 직업을 골랐다는 생각도 했습니다. 하지만 동생은 반년이 채 못 되어 그만두고 말았습니다. 아버지는 적지 않게 실망하셔서 동생을 나무랐습니다.

"이놈아, 진득하게 일하면서 배우고, 그러면 장래가 생겨나는 것이지, 처음부터 네 맘에 딱 드는 일이 어디 있더냐?"

"에이, 그게 아니고, 일이 너무 재미없어서 못하겠어요!"

"아이고, 이놈이 배부른 소리를 한다. 일을 누가 재미로 한다 더냐? 일이 재미있으면 왜 돈 주고 너를 시키겠냐? 재미있는 일은 돈 내고 하는 것도 모르냐, 이놈아!"

우리 형제들 중에서 제일 어린 막내는 가장 신세대적인 사고를 하는 사람이었습니다. 그러다 보니 직업을 선택하고 결정하는 기준도 달랐습니다. 저는 대학을 졸업하고 처음 직장을 결정할 때 재미라는 관점에서 일자리를 바라본 적이 없었습니다. 이 분야가 장래 유망한 분야인가, 내가 하는 일이 앞으로 성장 가능성이 큰가, 직장 분위기가 좋은가, 해당 직업이 내 인생과 사회에 어떤 가치를 만들어내는가 등을 고려해 결정했지요. 처음 직장을 그만둘 때도, 별로 장래성이 없어 보이고, 내 삶에 가치 있는 무언가를 만들어낼 것 같지 않아서 그만두고 공직을 선택했습니다. 하지만 저는 직업을 선택할 때나 제 직장을 평가할 때, 한 번도 "내가 하는 일이 재미있는가?"라는 질문은 던져본 적이 없었습니다.

막내 동생은 그 뒤로 한두 군데를 더 탐색하고 나서, 자신이 제일 재미있다고 생각하는 택배 일에 뛰어들어 정성을 들였습니다. 그 후 택배산업은 가파르게 성장했고 동생의 일은 날로 번창했습니다. 동생 일을 잊고 살았는데, 또 한 번 '재미 문제'가 제 삶을 찾아왔습니다. 이번에는 딸이었습니다. 초등학교 때부터 학교를 다니기 싫어하던 둘째 아이가 어느 날 갑자기 "앞으로는 학교에 잘 다녀야겠다"고 말을 해 의아한 생각이 들었습니다. 그러면 '그동안은 못 다녔다'는 말이 아닌가 해서, 차근차근 학교에서 어떻게 지내는지 물었습니다. 점점 이야기가 길어지면서 딸이 학교에 가고 싶어하지 않는다는 게 명백히 드러나고 말았습니다. 아이는 눈물을 글썽이며 말했습니다.

"학교 안 가면 안 돼? 학교 다니는 거 정말 재미없는데, 학교에서 하고 싶은 것도 없고."

"그렇구나. 재미가 없구나. 그런데 사람들은 대체로 학교 다니는 거 재미없어 해. 아빠도 학교 다니는 동안 대부분은 재미없고 싫었어. 그래도 다녀야 하니까 참고 다닌 거지!"

"싫고 재미도 없는데, 왜 다녀야 해?"

"나중에 다 필요할 거니까!"

"필요하면 그때 배우면 되고, 내가 공부하고 싶은 것도 아닌데, 왜 억지로 참고 다녀야 하는지 모르겠어."

결국 둘째 아이는 중학교 2학년 때 학교를 그만두었습니다.

자신이 하고 싶은 걸 해보고 싶다고 말입니다. 그 즈음 학생들은 "노잼, 핵잼"과 같은 말을 입에 달고 살았습니다. 모두 '재미'라는 관점에서 세상을 바라볼 때 할 수 있는 말들입니다. 세상 모든 일을 재미로 평가하는 세대가 등장한 것입니다. 그것이 공부라고 해도 말입니다. 사람들은 이들을 밀레니얼 세대 또는 Z세대라고도 부르지만, 저는 '포노사피엔스'라고 부릅니다.

•••• 근대의 노동 vs 포노사피엔스의 노동

태초부터 인간은 생물학적인 생존을 위해 노동을 해왔습니다. 도구를 사용하면서 인간의 생산성은 비약적으로 발전했고, 생존을 위해 필요한 절대적인 노동시간 또한 줄었습니다. 당연히 생존을 위해 필수노동을 하던 시대에는 노동을 '재미'라는 관점에서 바라볼 수 없었을 것입니다. 그러나 근대산업사회에 들어와 유한계급이 급속히 확대되었고, 노동계급도 재미와 여가 생활이 가능하도록 생산력은 비약적으로 향상되었습니다.

근대사회에서 유한계급은 그들만의 유흥을 즐겼고, 일반 시민과 노동자들도 생활 속에서 소소한 재미를 즐기며 여가를 향유할 수 있게 되었습니다. 하지만 이 또한 여전히 '하기 싫은 일'을 억지로 한 대가로 주어지는 잠깐의 즐거움이었습니다. 역으로 근대시민의 사고체계에는 재미와 여가를 즐기기 위해서는 하기 싫거나 강제적인 일도 해야 한다는 개념이 각인되었습니다. 이에 따라 지금까지 산업사회의 성인들은 직업, 일, 또는 노동을 재미의 관점에서 선택하지 않고 효율성과 성과 측면에서 선택합니다. 높은 효율성과 성과를 보수(돈)의 관점으로 바라보고 직업을 선택하며, 그 대가로 재미와 여가를 즐길 수 있는 것이라 생각합니다.

전근대사회에서는 귀족과 양반이 천민과 노비가 그들의 삶을 숙명으로 받아들이도록 각종 이데올로기를 만들어냈습니다. 인간이 태어날 때 다른 종류로 태어난다든가, 정신적 노동에 적합하도록 태어나서 지배집단의 역할을 맡을 수 있는 운명이라든가, 혹은 전생의 비행으로 현생에서 벌을 받아 비참한 노동을 하게 된 거라거나, 신이 인간을 세상에 보낼 때 운명을 적어 보내주었다는 등 이데올로기의 종류는 많고 다양합니다. 말도 되지 않는 논리이지만, 귀족과 양반이 폭력적인 수단과 정치경제적인 권력을 독점하고 강제하는 사회에서 대부분의 노동계급은 목숨을 걸고 저항하다 처형되거나 이데올로기에 중독된 채로 비참한 삶을 살았습니다.

근대산업사회의 유한계급은 더 확대되었고, 그들이 점유한 부의 크기는 상상을 초월하는 지경에 이르렀습니다. 유한계급은 노동으로부터 완전히 자유로운 집단이 되었을 뿐만 아니라, 노동계급의 저항을 누그러뜨리기 위한 전략으로 중산층을 두껍게 형성했습니다. 이로써 유한계급과 중산층(주로 정신노동 집단과 기계화된 육체노동 집단)은 노동계급으로부터 분리되어 다양한 여가를 즐길 수 있게 되었습니다. 그럼에도 불구하고 중산층과 하층 노동계급이 수행하는 직업적 노동은 여전히 지루하고 위험하고 고통스러운 것이었습니다. 따라서 이를 정당화하기 위한 새로운 이데올로기나 논리가 필요했습니다.

이때 등장한 근대적 노동관, 근대 이데올로기가 직업소명설, 자아실현설, 그리고 노동하는 인간론입니다. 직업소명설은 자신의 직업 노동을 통해 신의 고귀함을 드러내고, 신 앞에서 자신의 가치를 증명해 보이도록 인간이 태어날 때 신이 부름을 주셨다는 내용입니다. 직업적 노동은 신으로부터 부여받은 '소명^{calling}'이라는 것입니다. 비종교적 이데올로기도 근대사회가 급속한 성장을 구가하던 시기에 등장했으니, 바로 자아실현설입니다. 인간은 직업과 노동을 통해 자신의 진정한 모습을 찾아내고, 가꾸고 성장시켜 온전한 자기를 증명해 보일 수 있다는 논리입니다. 그런데 자아를 실현한다는 말은 선험적으로 실현해야 할 자신의 모습이 있다는 것을 전제하고 있으니, 자꾸 꼬리를 무는 순환논리에 불과함에도 불구하고, 광범위한 영역에서 통용되었고 지금도 여전히 많은 사람들에게 받아들여지는 논리입니다.

교육을 통해서도 자아실현을 한다고 하고, 결혼이나 육아를 통해서도 자아실현을 한다고 하고, 심지어, 고통을 수반하는 극기 훈련을 통해서도 자아실현을 한다고 주장하니, 근대사회는 자아실현 만능시대라고 해도 과언이 아닙니다. 다른 한편에는 노동하는 인간론이 있습니다. 마르크스와 엥겔스는 노동은 인간이 자연으로부터 분리되고 동물 상태를 벗어나 인간으로서 분립할 수 있었던 가장 중요한 활동이었으며, 인간은 노동을 통해 사회적 인간이 되며, 세상을 지배할 수 있게 되었다고 주장하였습니다.

전근대사회에서 노동은 천벌, 하늘의 형벌로 간주되었으며, 자신이 알지 못하는 어떤 것으로부터 강제되었고, 근대사회에서 노동은 신의 이름으로, 자아의 이름으로, 심지어 인간의 이름으로 강제되고 의무로 부과되는 그 어떤 것이었습니다. 하지만 4차 산업혁명시대, 인공지능과 로봇시대, 자율주행과 자동화의 가속적 발전 추세 속에서 살아가고 있는 포노사피엔스에게 노동은 이제 하지 않을수록 좋은 것이 되었습니다. 포노사피엔스는 재미와 즐거움을 통해 현실 속 자신의 삶을 살아가려고 합니다. 신의 약속도, 자아의 관념도, 유적 존재로서의 인간성도 포노사피엔스를 노동하는 존재로 만들지는 못합니다. 이제 포노사피엔스는 모든 시대에서 유한계급이 누렸던 삶의 재미와 여가를 누구나 누려야 한다고 생각합니다.

포노사피엔스에게 노동은 재미있어야 합니다. 이들에게 재미 없는 노동은 폭력입니다. 그래서 이제 노동과 여가는 구분이 없어 집니다. 노동도 재미있어야 하고, 여가도 재미없으면 노동이 됩니 다. 포노사피엔스는 인류 역사상 처음으로 모든 인간이 고된 육체 적 노동, 지루한 정신노동, 위험한 노동 등으로부터 해방될 수 있는 가능성을 현실에서 느끼는 첫 세대가 되었습니다. 따라서 이들에게 직업소명설, 자아실현론, 유적 인간성으로서 노동은 모두 거짓말이 됩니다. 포노사피엔스에게 직업과 노동은 재미와 즐거움을 선사하 는 어떤 것이 아니면 아무런 의미가 없습니다.

파타고니아라는 회사의 사명에는 "파도가 치면 서핑을!"이라 는 말이 있다고 합니다. 이들은 사무실에서 작업을 하다가 바람이 불고 파도가 높아서 서핑을 하기에 좋은 날이면, 하던 일을 그만두 고 바닷가로 가서 서핑을 한다고 합니다. 이들에게 노동과 여가는 전혀 구분되지 않는 활동입니다. 작업도 여가만큼이나 즐거워야 하 고, 여가도 일처럼 효능감을 느끼고 성취감을 느끼는 짜릿한 무엇 이어야 합니다. 모든 포노사피엔스는 결국 파타고니아 직원들과 같 은 생활을 동경하고 추구하고 실현하는 삶을 살고자 할 것입니다. 그리고 포노사피엔스는 그런 삶을 만들 수 있는 물적 기반, 사회적 인프라, 정신적 경향성을 모두 가지고 있습니다.

근대사회에서 아이는 태어나면서부터 "하지마"와 "하라"는 명령을 수없이 들으면서 자라납니다. 말을 알아듣기 전부터 "하지 마"라는 말을 듣기 시작합니다. 부모들은 이 과정을 통해 아이들에게 사회적 금기를 가르칩니다. 동시에 "이것을 혹은 저것을 하라"는 말을 통해 사회의 욕망, 시장의 욕망, 자본의 욕망, 성인의 욕망을 따르고, 나아가서 이를 추구하도록 세뇌합니다. 이 과정에서 아이에게 자신의 욕망을 알아차리고, 스스로 '천상천하 유아독존天上天下 唯我獨尊'의 주체성과 독립성을 쌓아나갈 기회는 주어지지 않습니다.

조금 커서 학교에 가면 시장과 자본, 사회와 성인의 욕망을 추구하도록 길들이기 위해서 수없는 "해라"와 "하지 마라"를 통해 삶이 조각됩니다. 고등학교를 졸업할 즈음이 되면 자신은 온 데 간 데 없고, '눈치 보기'와 '따라 하기'에 너무도 익숙해져 스스로 욕망하는 법도 잊고, 결국 자신의 상태를 알아차리지 못해 술, 마약, 게임, 섹스, 돈 등에 중독된 채 살아가는 존재로 전락하곤 합니다.

근대사회는 인간으로 하여금 시장과 자본의 욕망을 쫓는 노예가 되게 하거나, 타인의 욕망에 중독되도록 끊임없이 강제하고, 감시하고, 회유합니다. 근대산업사회에서 근대학교는 가장 강력한 강제와 회유 기구의 역할을 수행합니다. 끊임없이 시장과 자본의 욕망을 따르고, 더 경쟁하도록 세뇌하고, 충동질해 사람을 불안하고 우울하게 만듭니다. 근대사회에서 만성피로와 불안, 우울증은 가장 일반적인 심리상태가 되었습니다. 한국의 학교는 더욱 심각한 상황입니다. 한국 근대학교 우등생들 중 최상층을 차지하는 서울대 입학생 중 절반이 우울증 증세를 보이고, 그중 1/3은 바로 조치를 취해야 할 정도로 심각한 심리적 장애 상태라는 조사결과가 있습니다.

이 모든 것들이 근대사회의 근대학교에서 인간을 근대자본에 충실한 노동력으로 만들기 위해서 체계적으로 수행된 근대교육의 결과입니다. 포노사피엔스는 이제 그 지옥에서 벗어날 수 있는 단초들을 확보하고, 더 이상 타인의 욕망을 쫓는 공허한 짓을 지속하지 않을 것이며, 스스로 자신의 존재 이유와 자신의 즐거움을 찾아 스스로의 삶을 주체적으로 살아갈 수 있는 첫 세대가 되었습니다. 그 첫 번째 증거가 포노사피엔스는 노동이 재미와 즐거움의 원천이 되지 않으면 수행할 가치도 없다고 생각하는 첫 번째 인류가 되었다는 점입니다.

이제 포노사피엔스는 알게 되었습니다. 자신의 욕망에 충실해져야만 살아갈 수 있다는 것을! 특히 행복하게 살아가고자 한다면 더욱 그렇다는 것을 말입니다. 그래서 포노사피엔스들의 구호는 다음과 같습니다.

◎ 그래도 밥 먹고 살 수 있다.
◎ 그래야 밥 먹고 산다.

- ◉ 그래야 재미있게 산다.
- ◉ 그래야 행복하다.
- ◉ 그래야 오래할 수 있다.
- ◉ 그래야 다른 사람과 함께 할 수 있다.

···· 더 이상 재미없는 공부는 없다

노동조차 재미없으면 하기 싫거나 하지 않으려고 하는 세대에게 공부, 학교의 학습과정이 재미없다면 어떻게 될까요? 돈을 줘도 재미없는 일을 그만두거나 회피하는 아이들에게 강제로 학습을 시킬 수 있을까요?

어떤 일이나 학습도 본질적으로 재미없는 것은 없습니다. 다만 사람마다 어떤 일이나 주제를 바라보는 관점과 관계 맺는 방법이 다를 뿐입니다. 사람이 지식과 정보를 습득하는 방식이 달라지면, 사람들이 학습과정의 방식과 관점도 달라집니다.

필사지식 시대와 인쇄지식 시대에는 공부, 학습과정이 매우 지겨운 측면이 있었습니다. 필사지식 시대에는 모든 중요 경전을 통째로 외워야 되었는데, 이 과정은 커다란 괴로움을 주는 과정이었고 매우 오랜 기간의 고통을 감수해야 했습니다. 그리고 근대산업사회의 인쇄지식 시대에는 공부가 재미있어지는 지점에 도달하기까지 기초지식을 쌓는 데 오래 시간이 걸렸습니다. 근대산업사회에 들어 인쇄지식의 양은 엄청나게 많아졌습니다. 필사지식 시대와 비교할 수 없을 정도로 많아진 책 속에서 내가 가지고 놀 수 있는 지식을 찾아낼 수 있는 능력을 갖추기까지 지루하고 힘든 과정을 이수해야 했습니다.

결국 공부를 재미있는 놀이로 수행하기 위해서 갖춰야 될 소양과 기초를 닦는 데 시간이 오래 걸리고, 지루한 과정이 반복되어서 많은 사람이 중간에 포기했습니다. 예를 들어, 수포자(수학을 포기한 자)가 그 예입니다. 사실 수학이 재미있는 학문이라는 점은 수학하는 사람들은 다 인정합니다. 그런데 왜 많은 학생들이 포기할까요? 수학이 재미있어지는 일정한 수준에 이르기까지 상당한 시간이 걸리고, 지루한 시기를 넘어야 하기 때문입니다.

반면 포노사피엔스들이 사는 디지털 네트워크 지식 시대에는 재미없는 공부는 없어집니다. 이유는 두 가지인데, 하나는 모두가 자기가 좋아하는 것을 공부할 수 있는 사회적, 물적 기반이 갖춰지고 있기 때문입니다. 다른 하나는 네트워크 지식체계와 인공지능 검색엔진, 스마트 기기 덕분에 지루한 훈련 과정을 크게 줄여줄 가능성을 만들었기 때문입니다. 인공지능, 검색엔진, 스마트 기기가 학습자들이 도서관에서 필요한 지식을 찾아내기 위해 필요한 능력을 키우는 고된 작업을 소용없게 만들었습니다. 인공지능 검색 엔진이 이 과정을 대신해주기 때문입니다.

현재 포노사피엔스는 놀이와 유희로서의 학습, 놀이와 재미를 추구하는 과정으로서의 노동을 추구하는 아이들입니다. 이들은 재미있는 학습과 노동의 가능성을 보았습니다. 이들은 이제 공부건, 노동이건 놀이처럼 할 수 있습니다. 디지털 네트워크상에서 새로운 형태의 지식을 다루며 모든 것들을 재미있게 할 수 있다는 가능성을 알고서 구현하고 있는 것입니다.

니체는 저서 《짜라투스트라는 이렇게 말했다》에서 인간은 세 단계를 거친다고 말했습니다. 그 세 단계는 모든 인간이 낙타처럼 무거운 짐과 고역에 시달리는 노예의 단계, 사자처럼 약육강식의 정글에서 끊임없이 생존의 불안 속에서 사는 단계, 그리고 마지막으로 어린아이처럼 재미와 놀이를 추구하면서 살아가는 단계입니다. 낙타의 단계는 신분제 사회에서 대부분의 인간이 처했던 노예노동의 단계라면, 사자의 단계는 자본주의, 신자유주의 무한경쟁 체제에서 자기착취적 성과주의에 매몰된 채 살아가는 우리들의 모습을 이르는 것 같습니다.

니체가 말한 모두가 어린아이와 같이 재미와 놀이를 추구하는 삶을 살 수 있는 세상을 디지털 네트워크 지식 시대의 포노사피엔스가 열어가고 있다고 생각합니다. 학습에서부터 노동까지, 모든 삶의 영역에서 그런 세상이 펼쳐지고 있습니다. 그 선봉에 포노 사피엔스가 있습니다.

02

지식 스트리밍 시대: 교육의 미래

지식 스트리밍 시대에 필요한 새로운 학교운영체제는
학습자의 욕망을 중심에 두고 개개인이 각자의 길을
만들어가도록 돕는 디지털 네트워크 학습 플랫폼입니다.

왜 야후는 구글에 참패당했나

•••• 인쇄 혁명과 지식 스트리밍 혁명: 어떻게 지식과 정보를
다스릴 것인가

인간이 지식과 정보를 다루는 방식과 능력은 시대에 따라 다릅니다. 지식과 정보가 희소한 시대에는 지식과 정보를 많이 저장하는 능력이 매우 중요했습니다. 특히 문자가 발명된 이후에는 문자를 통해 저장된 지식을 습득하고, 다시 문자로 저장할 수 있는 능력이 중요했습니다. 이 때문에 가장 대표적인 지식과 정보 저장매체인 책이 희귀한 시절에는 책의 내용을 통째로 외우는 능력이 천재

의 징표였습니다.

　지식의 시대는 구전지식, 즉 음성언어 지식, 필사지식, 인쇄지식, 디지털 네트워크 지식 순으로 변화했습니다. 필사지식 시대는 소수의 엄선되고 공인된 경전 교육이 중심이었습니다. 책으로 남겨진다는 것 자체가 굉장히 어렵고 귀한 일이었습니다, 엄선된 핵심만 담긴 것이 바로 경전이었기에 사람들은 사서삼경, 13경, 성경, 불경 등을 다 외웠던 것입니다. 책이 워낙 비쌌기 때문에 외우는 것 자체가 매우 경제적인 활동이었습니다. 그래서 잘 외우는 사람이 똑똑한 사람이었습니다. 당시에는 무엇을 주장하거나 어떤 일을 할 때 "어느 경전에서 이렇게 얘기했다"고 말하는 것이 가장 중요한 근거가 되었으니까요.

　기계로 인쇄된 책이 쏟아져 나오는 근대산업사회에 들어서자 전통적인 지식과 정보 습득 방식은 더 이상 유효하지 않게 되었습니다. 이제 사람들은 매일 쏟아져 나오는 책과 잡지의 제목조차 다 읽을 수 없는 처지에 놓이게 되었습니다. 새로운 지식과 정보를 담은 인쇄물의 범람 속에서 근대 지식인들은 어떤 해결책을 마련했을까요? 홍수처럼 밀려오는 지식과 정보의 바다에 빠져 죽지 않고 항해하기 위해서는 방향과 체계가 있어야 한다고 믿었습니다. "이제 구조화된 머리를 갖고 싶다!"는 볼테르의 탄식은 이러한 계몽주의자들의 욕망을 잘 드러내고 있습니다.

근대 지식인들은 지식과 정보를 그 형식과 내용에 따라 구조화하고 체계적으로 다루는 방법을 만들어냈습니다. 형식에 따라 지식과 정보를 체계화한 것이 (백과)사전, 내용에 따라 구조화한 기관이 도서관입니다. 이 시대의 가장 핵심적인 능력은 지식의 구조를 잘 이해하고, 그 구조를 기억하고 활용하는 능력입니다.

　　예를 들면, 백과사전은 일정한 형식, 알파벳 순서에 따라 엄청난 분량의 지식과 정보를 정리해 필요한 것을 정확하게 찾아낼 수 있는 방법을 마련한 것입니다. 그러나 형식에 따른 분류는 인접한 항목 간의 연관성을 제대로 반영할 수 없어 학습자가 끊임없이 전후좌우로 옮겨다녀야 하는 비능률을 초래하는 단점이 있습니다. 형식적 분류의 한계를 극복한 구조화 방법이 내용에 따라 분류한 도서관의 문헌분류법입니다. 도서관은 인접한 내용의 지식과 정보를 가까운 공간에 배치해 학습자가 관련된 정보를 효율적으로 찾아볼 수 있도록 지원했습니다.

　　(백과)사전과 도서관은 필사지식 시대와는 비교할 수 없는 속도와 양으로 밀려드는 근대산업사회의 지식정보 환경에 대응하는 근대적 교육법, 학습법, 연구방법을 탄생시킨 주요한 인프라가 되었습니다. (백과)사전과 도서관의 인프라 위에서 근대 과학기술 혁명과 대중교육 혁명은 가능했습니다. 백과사전과 도서관의 구조와 체계를 따라 근대의 교육제도, 학교제도가 구성되었습니다. 근대학

교의 교과목 운영체계, 대학의 학과와 전공 분류체계는 모두 근대 계몽주의자들이 엄청난 속도로 증가하는 지식과 정보를 관리하기 위해 고안한 지식과 정보 관리법의 산물입니다. 지금도 대학학과 설치, 전공 선택, 각종 연구개발 사업 분야 구분 등이 도서관의 분류법에 기초해 관리되고 있습니다.

20세기 중반에 들어서면서 지식의 시대는 다시 변하기 시작했습니다. 인류는 컴퓨터를 발명하여 인류 역사상 지식과 정보를 디지털 매체로 전환할 수 있게 되었습니다. 곧이어 개발된 인터넷은 현대사회의 모든 디지털 정보를 빛의 속도로 유통할 수 있는 시대로 급속히 전환시켰습니다. 손으로 옮겨 쓰고 외워서 전달하는 필사지식 시대가 수천 년간 지속되었으나, 기계식 인쇄지식 시대는 500년이 넘지 않았고, 디지털 네트워크 지식 시대로 넘어가는 데는 불과 50년이 걸리지 않았습니다. 이제 인류는 지식 스트리밍 시대라는 토끼 굴로 급속히 빨려 들어가고 있습니다.

역사적으로 비교해보면 디지털 네트워크 지식 시대, 즉 지식 스트리밍 시대는 눈 깜짝할 사이에 도래했고, 이는 순식간에 모두를 덮친 쓰나미와 같았습니다. 이 때문에 우리는 미처 새로운 지식 시대에 적합하게 지식과 정보를 다루는 방식과 새로운 교육 및 학습 방법을 만들어내지 못하고 있습니다. 심지어 환경의 변화를 감지하지 못하는 경우도 많습니다. 대부분의 학교에서는 여전히 지식을 저장해야 하는 것으로 여기고, 더 많은 지식을 머릿속에 넣기 위해 교육하고 있습니다. 아직도 학습자가 더 효율적인 기억과 인출 체계를 갖추도록 교육하는 데 대부분의 시간과 자원을 허비하고 있습니다.

디지털 네트워크 지식은 학습자에게 기억과 인출을 위한 노력이나 시간을 요구하지 않습니다. 디지털 네트워크의 지식과 정보 저장 능력은 거의 무한대이고, 인공지능과 결합한 검색엔진의 정보 탐색과 인출 능력은 모든 인간의 역량을 합쳐도 대적하지 못할 만큼 빠르고 정확하기 때문입니다. 게다가 인공지능과 결합한 검색엔진은 완전히 개인화된 탐색과 인출, 그 결과를 스트리밍으로 학습자에게 전달하는 기능까지 갖추고 있으니, 마치 학습자가 검색할 때마다 검색 키워드를 중심으로 재정렬된 도서관을 한 개씩 만들어 검색자에게 스트리밍해주는 것과 같습니다.

•••• 디지털 네트워크의 도서관을 꿈꾸었던
야후의 몰락

제가 컴퓨터의 실물을 처음 접한 건 대학생이 되고 나서였습니다. 1987년 여름, 같은 동아리에서 활동하던 공대 친구가 용산에 가서 최신 컴퓨터를 사왔다고 자랑을 해서 여럿이 함께 그 친구의 하숙방에 컴퓨터를 구경하러 갔습니다. 가서 보니 납작하게 생긴 본체 위에 '배불뚝이 모니터'라는 별칭으로 불리는 CRT 모니터가 있었습니다. 그때는 당연하게 여겼지만 지금 생각해보면 재미있는 점이 있었는데, 그 친구가 컴퓨터 전체를 하얀 천으로 만든 덮개로 잘 덮어서 보호했다는 것입니다.

당시 친구는 그 컴퓨터가 최신 모델이라고 한참 자랑했는데, 그 모델은 286AT모델이었습니다. 16비트 프로세서에 하드디스크 용량이 20MB정도였습니다. 플로피디스크를 넣어서 컴퓨터를 구동시키는 방식이었습니다. 아쉽게도 그 친구는 컴퓨터를 구동시키는 모습은 보여주지 않았습니다. 당시 국립대학교 등록금이 40만 원 정도였는데, 그 컴퓨터의 가격이 무려 150만 원 정도였으니, 아마 비싼 컴퓨터를 재미로 돌려보는 일을 꺼렸던 듯합니다.

그 이후 컴퓨터는 우리 생활로 급속히 들어왔습니다. 제가 컴퓨터를 처음 구매한 때는 1991년이었는데, 386프로세서에 하드는 80MB정도였습니다. 이렇게 큰 용량의 하드디스크가 필요한지, 너무 사치를 하는 건 아닌지 한참을 고민했던 기억이 생생합니다. 졸업 후 처음 취업했을 때는 과별로 컴퓨터가 한두 대 정도 있었고, 1996년경에 모든 사무실에 인터넷이 연결된 컴퓨터가 도입되었습니다.

1990년대 중반 대중적인 인터넷의 시대가 도래하면서 전 세계 사용자를 사로잡은 프로그램이 있었으니, 바로 야후Yahoo였습니다. 야후는 스탠퍼드대학교 출신의 제리 양Jerry Yang과 데이비드 파일로David Filo가 1995년에 설립하여, 디렉토리 검색과 검색엔진 서비스를 제공하는 회사였습니다. 회사 이름이 독특했지만 일단 환호성을 지르는 느낌이 좋았고, 인터넷상의 모든 자료를 빠르게 검색해서 보여주는 능력에 모든 사람이 매료당했습니다. 라이코스, 알타비스타 등 다양한 검색엔진이 선보이던 시절에 야후는 검색엔진 시장의 50% 이상을 차지하며 압도적인 업계 1위를 자랑했습니다.

야후는 2000년대 초까지도 세계에서 가장 트래픽이 많은 웹사이트로 인터넷 시대의 제왕으로 군림했습니다. 야후는 2000년 시가총액이 1,250억 달러(약 142조 원)에 달하는 세계 최고의 글로벌 기업이었죠. 반면 당시 구글은 아주 단순한 초기화면을 가진 소박한 검색 사이트로 이름을 인터넷 검색엔진 명단에 겨우 올리고 있는 처지였습니다. 그러나 현재 상황은 어떤가요? 2021년 11월 구글 지주회사인 알파벳의 시가총액은 2조 달러(약 2,500조 원)를 넘겼습니다. 2021년 매출 2,576억 달러(약 311조 원), 순이익은 760억 달러(약 92조 원)를 기록했습니다. 눈부신 성장을 한 구글에 비해 야후는 2015년 43억 달러의 순손실을 기록한 후, 2016년에 인터넷 사업 등의 핵심 자산을 48억 달러(약 6조 원)에 한 통신회사에 팔아

넘기고 짧은 역사를 마감했습니다.

20년 전 인터넷 검색계의 최강자는 왜 이렇게 초라한 모습으로 역사의 뒤안길로 사라지게 되었을까요? 인간은 새로운 현상을 과거의 경험에 기초해 다루려는 경향이 있습니다. 디지털 네트워크 지식을 처음 접한 인류는 기존의 인쇄지식을 다루던 방식으로 디지털 네트워크 지식을 다루려 했고 처절하게 실패했습니다. 1990년대 중반에 검색엔진을 사용한 경험이 있는 분은 아마 야후, 라이코스, 알타비스타와 같은 초기 검색엔진을 기억할 것입니다. 이들의 특징은 검색결과를 내용의 성격에 따라 카테고리별로 모아서 보여주는 것이었는데, 카테고리는 대부분 도서관의 문헌 및 도서 분류 기준과 일치했습니다.

초기 검색엔진은 디지털 네트워크상의 지식과 정보를 인쇄물에 근거한 근대 지식체계와 동일한 방식으로 다루고자 했습니다. 검색자에게도 검색결과를 도서관 분류법과 비슷한 방식으로 디렉토리 구조를 지닌 폴더를 만들어 자신의 컴퓨터에 저장하도록 독려했습니다. 그러나 새로운 지식과 정보를 기존 인쇄지식을 다루던 방식으로 처리하는 도서관 분류체계 중심의 검색엔진 방식은 완전히 실패했습니다.

이후 디지털 네트워크 지식은 새로운 방식으로 다루어야 한다는 점을 보여준 검색엔진이 곧 등장했으니, 그것이 바로 구글

Google이었습니다. 구글의 초기화면과 구성은 너무도 단순했지만, 근대 산업사회의 도서관이 중시했던 내용 중심인 도서관 방식의 체계적 분류 시스템도, 형식 중심의 백과사전식 정렬도 무시하고, 바로 무한대의 지식과 정보의 바다에서 검색자를 중심으로 검색결과를 보여준다는 전략을 활용했습니다. 그 이후의 결과는 모두가 알다시피 검색엔진의 세계는 구글의 독무대가 되었습니다.

•••• 지식 스트리밍 서비스의 주인공, 구글

처음 구글을 접했을 때, 저는 '어처구니가 없다'고 생각했습니다. 야후, 라이코스 등의 초기화면이 다양한 콘텐츠가 전시된 화려한 페이지였던 반면, 구글은 'Google'이라는 영문명과 한 줄의 입력창밖에는 없었습니다. '뭐 이런 것이 있나'라고 생각하며 가끔 들러 검색을 하곤 했지만, 여전히 야후나 라이코스를 더 자주 사용했습니다. 하지만 몇 달이 지나지 않아 저는 자꾸 구글을 찾게 되었습니다. 전 세계 인터넷 사용자가 저와 마찬가지로 구글에 빠져들고 있었습니다.

구글은 뭐가 달랐을까요? 그때는 명확하게 인식하지 못했지만, 지금 생각해보면, 검색결과가 간명하게 제시되었고, 무엇보다

제가 관심을 갖고 있는 항목이 맨 위에 올라와 있다는 점이 가장 큰 차이였습니다. 대부분의 경우 두세 페이지를 넘지 않은 곳에서 제가 찾고 있던 정보를 확인할 수 있었습니다. 구글은 검색자가 입력한 키워드와 반복적으로 방문한 검색자가 과거에 입력한 키워드까지 고려해 검색결과를 점수화했습니다. 그리고 검색자의 관심을 중심으로 검색결과를 서열화해 보여주었습니다.

반면에 야후나 라이코스는 지식과 정보의 객관적인 성격과 내용에 따라 분류한 결과를 디렉토리 형식으로 보여주었습니다. 구글은 검색자의 관심과 의도에 가장 가까운 것을 중심으로 보여주었다면, 야후는 검색자와는 별개로 존재하는 객관적인 지식의 구조와 체계에 따라 보여주었다는 점이 다릅니다.

구글 방식의 검색이 야후와 라이코스 방식의 검색을 이기는 과정은 객관적인 지식과 정보의 구조화 체계에 묶여 있던 인쇄지식형 인간에게, 자신의 관심과 욕망을 중심으로 지식과 정보를 다룰 수 있는 디지털 네트워크 지식 시대를 열어준 혁명적인 대전환과 같습니다. 인쇄지식은 유한하지만 디지털 네트워크 지식은 무한합니다. 무한한 지식과 정보를 아무리 잘 분류해서 객관적인 지식의 구조와 체계에 따라 보여준다고 해도 그것은 여전히 무한하기에, 그 구조와 체계는 자주 모순에 빠집니다. 시간이 지날수록 검색자는 혼란에 빠지고, 자신이 원하는 내용을 찾기 위해 더 많은 시간과 노력을 허비해야 하는 악순환에 빠질 수밖에 없습니다.

구글의 검색결과 제시 방식은 무한한 디지털 네트워크 지식과 정보가 검색자, 학습자의 관심과 욕망에 기초하여 적실성과 근접성에 따라 분류될 때만 유의미한 지식과 정보로 우리에게 다가온다는 점을 명확하게 보여주었습니다. 또한 지식과 정보를 학습자의 관심과 욕망에 따라 분류할 수 있을 때 비로소 지식과 정보가 스트리밍 될 수 있는 서비스로 탄생한다는 점을 보여주었습니다. 구글은 검색엔진을 개발했을 뿐만 아니라, 새로운 시대의 디지털 네트워크 지식을 기존의 인쇄지식 방식과 달리 정의하고, 스트리밍 될 수 있는 유량flow의 지식과 정보로 탄생시켰습니다. 구글은 지식 스트리밍 시대의 산파이자 주인공입니다. 그래서 우리는 이렇게 말할 수 있습니다.

"야후는 구글에 참패를 당한 것이 아니라, 시대에 의해 제거되었다."

2

디지털 대전환: 지식 스트리밍 시대

초등학교 시절, 저는 수도가 설치되지 않은 마을에서 살았습니다. 부모님께서 식수를 해결하는 방법은 두 가지였습니다. 하나는 냇물이나 빗물을 큰 독에 담아두고 윗물을 떠서 식수로 사용하는 방법과 이웃 마을까지 손수레에 큰 물통을 싣고 가서 수돗물을 얻어오는 방법이었습니다. 두 방법 모두 '저장량^{stock} 개념의 식수'라는 틀을 벗어날 수 없었습니다. 물이 필요할 때마다 바로 사용할 수 있는 환경이 아니라, 주기적으로 필요한 물을 저장해두어야 하는 환경은 인류가 오랫동안 인내해야 하는 생존 조건 중 하나였습니다.

초등학교를 졸업할 즈음, 우리 가족은 익산시로 이사를 나왔습니다. 이제 집에는 당연히 수도가 있었고, 게다가 전기펌프로 퍼 올리는 우물까지 갖춘 집에서 살게 되었습니다. 그런데도 부모님은 세면장 한쪽에 큰 대야를 두고 항상 물을 받아놓으셨죠. 이후 전주로 이사하면서 개인주택에서 아파트로 생활 장소가 변경되었지만, 물을 받아놓고 쓰는 어머니의 습관은 여전했습니다. 물독이나 대야가 아니라 욕조로 바뀌었을 뿐이었습니다.

우물이나 냇물을 길어 먹던 시절, 식수는 우리가 항상 접근할 수 있는 자원이 아니었습니다. 필요할 때 쓸 수 있도록 일정한 저장량의 물을 항상 확보하고 보관하는 일은 일상생활에서 중요했습니다. 지금도 아시아, 아프리카, 남미 등지의 빈민지역에서는 물을 길어와 청결하게 보관하는 일이 여전히 삶의 필수 노동입니다. 그러나 물을 스트리밍 서비스로 제공하는 수도가 구축된 사회에서 식수는 더 이상 저장량 개념이 아니라 유량 개념으로 인식됩니다. 물과 식수는 스트리밍 자원으로 탈바꿈된 것입니다. 태어나면서부터 식수를 스트리밍 개념으로 접해온 요즘 젊은 세대에게 물을 길어오고 저장해놓고 쓰던 방식은 이해가 불가능할 것입니다.

식수에서 일어난 변화와 동일한 현상이 지식과 정보 분야, 교육과 학습 분야에서도 지난 30년간 일어났습니다. 전통적으로 지식은 필사서적, 인쇄물, 책과 잡지 등에 보관된 어떤 것으로 인식되어 왔습니다. 그 지식들은 인쇄물 등 물질화된 형식이든, 자신의 머리에 기억하는 방식이든 저장량으로 확보해야 하는 자원이었죠. 그러나 1960년대 인간의 일상생활에 컴퓨터가 등장한 이후, 인류는 지식과 정보를 디지털 방식으로 다룰 수 있게 되었습니다.

1990년대에 들어서 모든 컴퓨터가 인터넷에 연결되었고, 최근 인공지능과 결합한 강력한 검색엔진이 일상화되면서, 지식과 정보는 언제 어디서나 누구나 요구하면 찾아오는 스트리밍 자원, 즉 유량 개념의 자원으로 전환되었습니다. 우물과 냇물이 수도를 통해 집집마다 찾아가듯이, 이제 지식과 정보도 수도꼭지를 틀 듯 스마트 기기를 통해 요청하면 흘러나오게 된 것입니다. 게다가 스마트폰과 무선 네트워크의 발전으로 지식과 정보는 거의 무한대로 받아 쓸 수 있는, 24시간 365일 제공되는 모바일 스트리밍 서비스가 되었습니다.

문화 콘텐츠의 스트리밍 서비스는 오래되었고, 최근에는 음식에서부터 자동차까지 스트리밍 서비스, 구독 서비스로 전환되고 있습니다. 인공지능, 빅데이터, 사물인터넷, 5세대-6세대 통신기술, 위성 인터넷 등의 발달로 지식과 정보뿐만 아니라 인간이 욕망하는 모든 서비스가 스트리밍으로 전환될 수도 있을 것입니다.

지금의 초·중·고등학생은 이미 지식과 정보가 스트리밍 자원으로 전환된 시대, 스트리밍 서비스가 가장 빠른 속도로 발전하는 시대, 언제나 누구에게나 제공되는 시대에 태어나고 자랐습니다. 이들은 일상에서 필요할 때 수도꼭지를 돌려 물을 사용하듯이, 지식과 정보도 필요할 때 스마트 기기를 통해 불러와 쓰면 되는 자원이라는 개념을 당연하게 여기는 세대입니다.

이러한 포노사피엔스에게 수능시험 또는 중간·기말고사와 같은 지필고사는 난센스로 보입니다. 반대로 수행평가, 과정형 평가, 프로젝트 수업과 평가, 참여와 체험을 통한 팀플레이 등은 합리적이고 타당하며 효과적인 학습활동이고 정당한 평가로 수용됩니다. 그런 활동은 지식과 정보를 담아둘 것을 요구하지 않고, 바로 지식과 정보의 바다에서 필요한 것을 스트리밍해 적용하고 활용할 것을 요구하기 때문입니다.

이들을 위한 교육은 당연히 많은 지식과 정보를 어떻게 담을 것인가를 가르치는 것이 아니라, 필요한 지식과 정보를 정확하고 신속하게 찾아 목적에 맞게 활용하는 역량을 키우는 것이어야 합니다. 그러나 한국의 모든 학교교육은 아직 지식과 정보에 대해 전통적인 저장량 개념을 가지고 있습니다. 교육과정 설계와 교실 수업, 학생의 학습 결과에 대한 평가까지 철저하게 저장량 개념에 기반하고 있습니다. 다시 말하면 학생의 머릿속에 얼마나 많은 지식과 정보가 체계적이고 논리적으로 저장되어 있는지를 측정하고, 얼마나 신속하고 정확하게 이를 인출할 수 있는지를 측정하고자 합니다.

특히 학력고사와 수능시험은 철저히 지식과 정보의 저장량을 측정하고, 이를 인출해 문제를 신속하고 정확하게 풀어내는 능력을 확인하기 위한 평가입니다. 이 방식은 학부모 세대가 학생 시절에 가장 익숙했던 학습 평가방식입니다. 지식 저장량 시대에 익숙한 지식량 중심 평가방식과 지식 스트리밍 시대를 따라 변화하는 활동 중심 평가방식 사이에는 지식과 정보에 대한 이해와 실천의 차이가 큽니다. 이 차이가 지금 수능중심의 정시전형과 학생부종합전형 중심의 수시전형을 둘러싼 대립의 중요한 원인 중의 하나라고 생각합니다. 포노사피엔스가 다니는 학교의 수업, 평가, 교육과정이 여전히 지식과 정보의 저장량 개념에서 벗어나지 못한 방식으로 설계되고 수행되고 있기 때문입니다.

최근 한국 사회에는 수많은 미래학교 담론이 범람하고 있습니다. 그러나 여전히 전통적인 지식과 정보 개념에서 한 치도 벗어나지 못하고 있습니다. 디지털 네트워크 지식 플랫폼은 개인주의자의 성향이 있는 포노사피엔스가 맘껏 뛰어놀 수 있는 최고의 인프라입니다. 그러나 어느 때보다 개인의 선택과 결정을 잘 지원해줄 수 있는 시스템을 갖춘 시대에 학교만 주어진 궤도를 따라가도록 강제하고 있습니다.

지식과 정보가 스트리밍 자원으로 전환된 4차 산업혁명 시대, 스트리밍 되는 지식과 정보의 활용에 익숙하고 능통한 포노사피엔스에게 적합한 교육과정과 교과서, 수업설계와 평가방식을 고민하지 않는 미래교육, 미래학교 담론은 실패할 운명이라고 감히 주장합니다. 미래학교는 오직 디지털 네트워크 지식 플랫폼으로 작동하는 학교, 포노사피엔스 학교입니다.

학부모와 교사는 요즘 청소년들이 학습동기가 없고 생기도 없다고 불평하지만, 이는 교육 환경의 문제라고 생각합니다. 개인에게 주어진 자유와 선택의 기회, 스스로 결정하고 실천할 수 있는 환경은 이들에게 가장 큰 동기유발 체제입니다. 주어진 궤도를 달리도록 강제하는 국가주의적 근대학교를 종식시키고, 지식 스트리밍 시대에 포노사피엔스가 맘껏 춤출 수 있는 포노사피엔스 학교를 만들 때입니다.

3

학습자 중심 학교가 필요하다

··· 학습자 중심 교육은 '따뜻한 아이스' 아메리카노

2010년, 한 외국어 고등학교 학생이 아파트 베란다에서 몸을 던졌습니다. 학생의 전교 1등 성적표 옆에 높인 유서에는 "이제 됐어?"라는 단 네 글자가 쓰여 있었다고 합니다. 이 학생은 학교성적이 우수하고, 스스로 계획하고 체계적으로 학습해 주변 학부모의 부러움을 샀다고 합니다. 그런데 이 학생이 극단적 선택을 한 날이 부모들이 그렇게 바라던 전교 1등 성적표를 받은 날이라고 합니다.

무슨 일이 있었던 걸까요? 아마도 이 학생은 더 높은 성적에

대한 압박을 부모와 주변에서 무수히 받았을 것입니다. 그런 환경 속에서 이 학생은 '자기주도적'으로 학습 계획을 세우고, 최선을 다해 학교교육과정, 수업, 시험, 각종 수행평가에 임했을 것입니다. 그런데 결국 부모와 학교의 요구에 부응한 날이 학생이 죽는 날이 되었습니다. 도대체 우리가 무수히 반복해서 말하는 학습자 중심 교육, 학생 중심 교육, 자기주도적 학습은 무엇인가요?

1995년 5월 31일 발표된 김영삼 정부의 교육개혁안에는 '미래 사회를 주도할 신교육체제를 구축하고, 한국 교육의 병리 현상을 치유'하기 위해 '교육 수요자 중심의 교육을 추구'한다고 선언하였습니다. 그 이후 우리 사회는 대통령이 6번이나 바뀐 30년에 가까운 시간 동안, 학습자 중심, 학습자 주도성을 강조하는 교육을 부르짖어 왔지만, 여전히 학생 중심 학교, 학습자 주도성을 제대로 구현하지 못하고 있습니다.

"학생들을 위한다"는 말을 일상으로 외치는 학교에서는 학생들이 수업시간에 잠자거나 잠자는 척하고, 서로를 향해 폭력적으로 행동하고, 급기야 학교를 떠나며, 심지어 극단적인 선택을 하는 학생들이 줄을 잇고 있습니다. 도대체 무엇이 문제일까요? 학습자인 학생 중심 학교는 어떤 이유로 구현되지 못하는 것일까요?

우선 왜 학습자 중심이어야 하는지에 대해 논의해보겠습니다. 학습자 중심의 학교가 되어야 하는 첫 번째 이유는 개념상 당연하다는 점입니다. 배움은 가르친다고 일어나는 현상이 아닙니다. 학습은 배우는 사람이 배우려고 해야 가능한 작업입니다. 우선적으로 짚어야 할 대목은 학습자 중심 '교육'이라는 말이 개념적으로 모순적이라는 것입니다. 교육은 결코 학습자 중심적인 개념이 아닙니다. 가르치고 기른다는 뜻의 교육은 대상을 필수적으로 요구합니다. 즉, 행위의 주체와 대상이 분리된다는 의미입니다. 따라서 교육은 기본적으로 가르치는 사람 중심적인 개념입니다. 어쩌면 학습자 중심의 교육은 영원히 도달할 수 없는 '따뜻한 아이스' 아메리카노와 같은 것일 수도 있습니다.

기존의 교육적 관점을 학습적 관점으로 전환하는 일은 쉬운 일이 아닙니다. 우리는 아직도 가르칠 권리, 교육할 권리를 말합니다. 그러나 교사가 가르치고 교육하는 일이 의무이자 책임이고 교사의 직무상 권한일 수는 있어도, 권리가 될 수는 없습니다. 그런 의미에서 저는 교사의 '교육할 권리'에 반대합니다. 교사가 가르치는 일은 교원으로서의 책임이자 의무일 뿐 결코 권리가 될 수 없기 때문입니다. 학교에 존재하는 권리는 학습할 권리, 그리고 교직원과 학생의 인권뿐이며, 최대한 양보해도 가르치는 일은 교사로서의 권리가 아닌 권한에 머물러야 합니다. 이제는 '학습자 중심'이라는 개념만 남아야 합니다.

교육이 학습자 중심이 되어야 하는 두 번째 이유는 지식정보 환경입니다. 변화된 지식정보 사회의 현실로 인해 모든 환경이 교사 중심 학교를 벗어나 학생 중심 학교로 전환되어야 한다고 말하고 있기 때문입니다. 개념적으로 모든 학습은 배우는 사람이 중심일 수밖에 없지만 시대적·사회적 상황으로 인해 근대산업사회까지 교육은 가르치는 사람 중심일 수밖에 없었습니다. 지식과 정보를 대부분 손으로 베껴 썼던 필사지식 시대에는 지식과 정보가 매우 희귀했기에 지식을 생산, 저장, 유통하는 집단이 극소수에 불과했고, 이 때문에 모든 교육의 주도권이 당연히 교사에게 있었습니다.

소비자의 수요를 초과하는 생산이 이루어지는 후기산업사회에서는 수많은 생산자들이 구매자를 찾아 나서면서 소비자 중심의 시장이 형성되었습니다. '소비자가 왕'인 시대가 도래한 것입니다. 같은 현상이 교육 분야에서도 나타났습니다. 필사지식 시대에는 군사부일체라는 믿음이 통용되었으나 구텐베르크 인쇄혁명 이후, 근대산업사회에 들어서면서 지식의 생산, 저장, 유통이 산업적인 대량 생산체제로 전환됨에 따라 교사도 필사지식 시대의 권위를 잃어버렸습니다.

그러나 여전히 도서관은 부족하고, 가난한 사람들은 책을 비롯한 지식과 정보 자원에 접근하기 어려웠습니다. 인쇄지식이 가지고 있는 물리적 한계, 즉 물질성을 지닌 책이 이동해야 한다는 점 때문에 학교에서 지식을 전달하고 가르치는 교사는 상당한 권위를 인정받을 수 있었습니다. 그러나 필사지식 시대에 교사들이 누렸던 권위와 존경에 비할 수는 없었습니다.

지식과 정보가 디지털화되고 네트워크로 연결된 현대사회에서는 누구나 언제나 어디에서나 무한대의 지식과 정보를 접할 수 있습니다. 덕분에 누구나 지식과 정보의 생산자, 저장자, 유통자가 될 수 있습니다. 이제는 누구나 교사가 될 수 있는 시대가 되었습니다. 심지어 네트워크를 통해서도 배울 수 있는 시대가 되었으니 교사의 권위가 근대산업사회와는 완전히 달라진 것입니다. 앞서 우물물이 수도로 바뀌었듯이 지식과 정보도 도서관에서 퍼 날라야 되는 재화에서 스트리밍 되는 서비스가 되었다고 주장했습니다. 디지털 네트워크를 통해 지식이 생산, 유통, 저장되는 지식 스트리밍 시대에 학교 활동의 주도권이 교사에게서 학습자에게로 전환되는 일은 필연적입니다.

학교가 학습자 중심으로 전환될 수밖에 없는 세 번째 이유는 디지털 네트워크 지식 시대에는 학습자가 학습을 하고자 할 때에만 모든 지식과 정보가 의미를 가지게 되기 때문입니다. 우주 만물은 그 자체로 의미를 지니지 않습니다. 이 우주를 인식하고 의미를 부여하려는 인간에게 비로소 우주가 의미 있는 공간이 됩니다. 마찬가지로 무한한 디지털 네트워크 지식은 그 자체로는 의미를 가지지 않습니다. 학습자가 관심을 가지고 탐색하고, 활동과 작업을 통해 해당 지식과 정보에 의미를 부여하는 순간, 비로소 지식이 개별적 의미를 가지게 되고 학습자와 특별한 관계를 형성합니다.

디지털 네트워크 지식 시대에 지식과 정보는 무한할 뿐만 아니라, 무한히 팽창합니다. 그러나 각각의 학습자는 이 우주에 유일하게 하나씩 존재합니다. 유일한 존재로서 학습자가 지식과 정보를 불러와 관계를 맺었을 때, 비로소 지식과 정보는 유의미한 존재로 재탄생합니다. 인공지능 검색엔진은 매번 학습자의 관심을 중심으로 정렬된 거대한 사이버 도서관을 눈앞에 가져다줍니다. 앞 장에서 말했듯이 구글은 학습자에게 유의미한 지식과 정보를 검색어를 중심으로 정렬하여 제시하는 주관적 방법을 개발해 야후를 이겼습니다. 도서관이 객관적 지식의 시대를 이끈 중심축이었다면, 구글은 학습자 중심 시대, 즉 주관적 지식의 시대를 열었습니다. 비로소 학습자가 지식정보와 개별적이고 주관적 관계를 맺을 수 있는 시대가 열렸습니다.

학습자의 관심과 욕망이 학습의 유일한 연료

마지막으로 학습은 학습자가 자신의 관심과 욕망의 프리즘을 통해 지식과 정보를 바라볼 때야 비로소 의미와 동력을 갖습니다. 때문에 학습의 센터이자 지식과 정보의 유통센터이어야 하는 학교는 학습자 중심으로 운영되어야 합니다. 디지털 네트워크 지식 시대의 무한한 지식과 정보는 학습자의 욕망이라는 연료가 있어야 비로소 움직이는 자동차 엔진과 같습니다. 학습자의 욕망이 지식과 정보의 잠재적 추동력을 끌어내고, 자동차의 방향을 결정하는 것입니다. 객관적인 지식과 정보는 그 자체만으로는 학습자에게 아무런 의미가 없습니다.

한 초등학교에 주의력결핍 과잉행동장애(Attention Deficit Hyperactivity Disorder, ADHD) 증상을 보이는 학생이 있었습니다. 이 학생은 수업시간에 교실을 배회하거나 심지어 소리를 지르고 물건을 던지는 등의 행동을 빈번하게 보여 교사들이 감당할 수 없는 상태였습니다. 학년 초마다 어느 교사가 이 학생의 담임을 맡을 것인지를 놓고 신경전이 벌어지곤 했습니다. 결국 마음이 여린 교사가 이 학생을 맡아 고군분투를 하던 어느 날, 교사는 이 아이가 조용히 뭔가에 집중하는 모습을 보게 되었습니다. 의아한 마음이 든 교사는 천천히 그 학생에게 다가가 보았습니다. 아이는 교실 귀퉁이에서 바닥을 기어 다니는 개미를 뚫어져라 쳐다보고 있었습니다.

순간 교사의 머리를 스치는 생각이 있었습니다. '아, 이 녀석이 곤충을 좋아하는가 보다!' 그래서 교사는 천연색으로 잘 만들어진 곤충도감을 구해 아이에게 주고 수업시간에 볼 수 있도록 허락했습니다. 그러자 아이는 매 시간 조용히 앉아서 곤충도감을 열심히 보면서 몰입했습니다. 교사가 곤충도감에 나온 그림이며 글자 등을 통해 이 아이가 다양한 개념과 지식을 익힐 수 있도록 돕기 시작하자, 아이의 ADHD 증상이 서서히 사라지기 시작했습니다. 이후 이 학생은 곤충과 관련된 다양한 학습과 활동을 할 수 있게 되면서 학교생활도 잘할 수 있게 되었다고 합니다.

곤충을 좋아하는 위 학생의 사례에서 볼 수 있듯이, 학생의 관심과 욕망은 학습의 출발점이자 강력한 연료입니다. 하지만 타인에 의해 강제되는 욕망은 결코 엔진을 움직이는 연료가 될 수 없습니다. 타인의 욕망을 욕망하도록 하는 행위, 돈과 지위, 사회적 고정관념에 충실하도록 교육하는 행위는 학습자를 억압하고 소외시키는 폭력에 불과합니다. 이는 마치 경유를 휘발유 엔진에 넣는 것과 같은 행위입니다. 인간은 자신의 욕망을 직시하고, 자신의 관심에 충실할 때, 비로소 몸과 마음이 열리고, 손발이 움직이기 시작합니다. 학습자의 마음에 불을 켜는 일, 스스로의 욕망으로 자신의 마음에 불을 켜게 하는 일, 그것이 학습자 중심 학교의 핵심 과업입니다. 학습자가 자신의 욕망을 직시하고 실천을 결행하는 일은 학습자 스스로 결정하는 일생일대의 중대사, 백척간두에서 한 걸음 더 내딛는 모험입니다. 이제 학교는 어떻게 학습자의 마음에 불을 켜야 할까요?

포노사피엔스의 학습은
레고 블록 놀이

•••• 지식과 정보의 검색과 분해는 검색엔진의 몫

근대산업사회에서 교육은 지식의 구조와 수준에 따라 순차적으로
이루어집니다. 이 때문에 우리는 초중고와 대학을 거치는 동안 도
서관의 각 섹션을 돌아다니면서 배우고 외웠습니다. 필요할 때 도
서관에 가지 않고도 불러내어 적용할 수 있는 능력을 갖추기 위해
서였습니다. 유사한 분야를 나선형으로, 기초부터 중급, 심화 과정
을 따라 배웠습니다. 그리고 각 단계마다 저장량을 늘리는 능력,
기억을 불러내는 능력, 문제에 적용하는 능력 등을 평가받았습니

다. 모든 교육은 학습자의 관심과 욕망의 관점에서가 아니라 객관적인 지식의 구조와 수준에 따랐습니다. 전문가들이 제시하는 가장 효율적이고 체계적인 과정을 따라 배워야 하는 상황 속에서 살아왔던 것입니다.

근대 지식인의 첫 번째 핵심 능력은 도서관 탐색 능력이고, 두 번째 중요한 능력은 개념요소 분해-조립 능력입니다. 책이나 논문 속에서 필요한 지식과 정보를 찾아 자신이 해결해야 하는 문제에 적용할 수 있도록 지식과 정보의 모듈을 분해해내고, 그것을 새롭게 조합하는 능력이 근대적 지식인의 핵심 능력입니다. 인쇄지식 시대의 지식과 정보는 책이나 논문 속에 뭉쳐져 덩어리 형태로, 서로 단절되고 개별화된 상태로 저장되고 유통됩니다. 따라서 학습자와 연구자는 자신이 찾고 분해한 모듈들 간의 관계를 확인하고 조정해야 하는 과정을 필수적으로 거칩니다. 그래서 근대교육체계의 정점인 대학원 석·박사 과정에서 문헌 조사 능력, 그리고 필요한 지식과 정보를 정리하는 능력을 가장 중요하게 여기는 것입니다.

디지털 네트워크 지식 시대이자 지식 스트리밍 시대에는 지식과 정보를 찾고 분해하는 과정을 인공지능 검색엔진이 대신 수행합니다. 또한 지식과 정보가 이미 상호 관계성에 따라 하이퍼링크로 연결되고 정렬되어 제시됩니다. 현대사회의 지식인은 지식과 정보를 검색해 분해하고, 그것을 정리하는 역할에서 벗어났습니다.

이제는 검색엔진이 제시한 수많은 정보 모듈 중에서 자신에게 필요한 모듈을 선정하고, 문제에 실제로 적용해 필요한 것을 만들어낼 줄 아는 역량, 그리고 사회적 실천을 통해 스스로 혁신하는 역량이 중요한 시대로 변화되었습니다.

저는 2010년 즈음 늦은 나이에 박사학위 공부를 시작했습니다. 약간 겁이 났지요. 그래서 박사과정이 시작되기 전에《움베르토 에코의 논문 잘 쓰는 방법》이라는 책을 두 번 정독하면서, 앞으로 박사과정에서 쓸 수 있도록 주요 내용을 메모했습니다. 이 책에는 문헌 찾는 법, 도서관 이용법과 사서에게 도움 받는 법, 주요 자료 카드 만드는 법 등 1990년대 이전에 논문을 써야 했던 석박사과정생에게 큰 도움이 될 만한 내용이 즐비했습니다. 이 책은 석박사과정생에게 인기가 높았고, 누군가 늦깎이 박사공부를 하는 제게 추천했던 것으로 기억합니다.

그러나 제가 박사과정을 이수했던 2010년 즈음에는 이미 도서관에 디지털 네트워크가 갖추어져 있었습니다. 모든 자료와 논문, 보고서 등이 대부분 전자적 형태로 제공되었고, 각종 논문이나 관련 이론, 개념 등도 웹상에서 하이퍼링크가 찾을 수 있었습니다. 결국《움베르토 에코의 논문 잘 쓰는 방법》이라는 책에서는 크게 도움을 받지 못했지만 디지털 네트워크 덕분에, 특히 구글 학술검색엔진Google Scholar과 대학교에서 제공하는 전자논문 시스템 덕분에 도서관을 거의 방문하지 않고도 논문주제와 관련된 전 세계의 주요 저서와 논문, 보고서 등을 참조하며 박사학위 논문을 마칠 수 있었습니다.

근대산업사회의 학습은 마치 '장난감 자동차 가지고 놀기'와 같습니다. 완성된 장난감은 놀이하는 사람을 장난감의 기능과 구조에 의존하게 만듭니다. 즉, 놀이하는 사람은 장난감의 기능과 구조에 따라 놀이를 해야 하는 상황에 처합니다. 기차는 달리는 놀이를, 비행기는 날아가는 놀이를, 곰인형은 곰 흉내를 내는 놀이를 수행하는 것과 같은 방식입니다.

그렇다면 디지털 네트워크 지식 사회의 학습자는 어떤 놀이를 하는 걸까요? 비유하자면 레고 블록을 가지고 노는 것과 유사합니다. 디지털 네트워크 속의 지식과 정보는 모듈화되어 있고, 관련된 모듈끼리는 하이퍼링크로 연결되어 있지만, 학습자가 관심과 욕망을 지니고 초점을 맞추지 않는 한 그것들은 무의미한 쓰레기 더미와 같습니다. 마치 레고 블록이 아무리 많다고 해도 만들고 싶은 것이 없다면, 모든 블록이 무의미한 것과 같습니다.

각각의 블록은 완결된 의미를 지니지 못합니다. 그래서 기존의 방식대로 개개의 모듈, 즉 블록에 대해 자세히 설명하는 학교 수업은 무의미한 일입니다. 레고 블록 자체는 구조와 체계가 없습니다. 따라서 학습자는 구조와 체계에 구속되지 않으며, 기초와 심화 단계에 따라 달라지지도 않습니다. 기초와 심화 단계는 공존하고, 구조와 체계는 학습자의 관심과 욕망에 따라 비로소 구성되고 틀을 잡아 갑니다. 놀이를 하고자 하는 욕망에 불이 켜지고, 무언가를 구현하고자 하는 관심이 촉발될 때, 각각의 레고 블록은 학습자의 마음속에서 고유한 의미가 되어 수많은 연결고리들을 만들어 나갑니다.

현대학교, 미래학교, 포노사피엔스 학교에서 가장 중요한 것은 학습자의 관심과 욕망이 흐르게 하는 것입니다. 조벽 교수가 자신의 저서 《조벽 교수의 인재혁명》에서 '창의성의 가장 중요한 요건은 허용'이라고 말했듯이 학습자의 관심을 존중하고, 스스로 만들어내고자 하는 욕망을 지닐 수 있도록 허용하는 것이 현대학교가 수행해야 하는 가장 중요한 일입니다. 한국의 근대학교가 가장 취약하고, 하지 않는 일이 바로 학생들의 관심과 욕망을 허용하는 일이었습니다. 여기에 현재 진행되는 미래학교 담론의 어려움이 있습니다. 온갖 기술과 기기, 시설과 환경을 개선한들, 그것들을 가지고 놀 관심과 욕망이 허용되지 않는다면 무슨 소용이 있겠습니까?

새로운 지식정보 환경인 디지털 네트워크 지식 시대에는 초보자들
도 새로운 것들을 연관 짓고, 적용하여, 창조적인 활동으로 바로 진
입할 수 있도록 지원하는 인프라를 상시적으로 활용할 수 있게 되
었습니다. 이제 어린이도 연구자가 될 수 있고, 초등학생도 메이커
가 될 수 있으며, 대학생도 기업을 만들 수 있고, 노인도 새로운 지
식과 정보의 창조자가 될 수 있는 디지털 네트워크 세상이 되었습
니다. 학습자가 자신의 관심과 욕망에 초점을 맞출 수 있다면 그
리고 그것이 허용된다면, 스스로 만들고, 구성하고, 실천할 수 있
을 것입니다.

　　지식과 정보를 한정된 자원, 즉 특정한 곳에서 얻을 수 있는
저장량으로 인지했던 시대에는 지식의 저장과 유통의 체계와 구조
를 이해하고, 필요한 지식과 정보를 찾아 이해하고 분해해 조립하
는 능력을 갖추는 데 대부분의 학습 시간과 노력을 소모했습니다.
디지털 네트워크 지식 시대에는 인공지능 검색엔진이 이를 인간보
다 더 빠르고 정확하게 도와줍니다. 이제 학습자와 연구자는 바로
본업으로 진입할 수 있게 되었습니다. 새롭게 주장하고, 만들고, 실
천하면서, 새로운 이해를 창조하고, 유용한 물건을 바로 만들어내

며, 주변과 지역사회, 세계를 변화시키기 위한 실천을 바로 조직하고 수행할 수 있습니다.

디지털 네이티브, 디지털 이주민이라는 말을 처음으로 만들어낸 교육자이자 미래교육학자인 마크 프렌스키가 말한 "모든 초중고, 대학 교육을 '더 나은 자신의 세상 만들기 프로젝트 수업(Education to Better Their World)'으로 재조직하자"는 제안을 저는 열렬히 지지합니다. 그의 제안은 디지털 네트워크 지식 시대에 가능하게 된 횡단적·융합적·창조적·실천적 학습 혁명을 맞이하는 교육개혁안이라 생각합니다. 이제 모든 학습자는 무한한 지식 스트리밍 서비스를 바로 지금 여기에서 활용하여 스스로 자신의 삶을 혁신하고 세계의 변화를 실천하는 창조자가 될 수 있습니다.

5

국·검정 교과서의 시대는 갔다

어릴 적 초등학교 시절, 매 학년이 끝날 때쯤이면, 학교에서 새 책을 나눠주었습니다. 저는 새 책에서 나는 냄새가 무척 좋았습니다. 새 책을 받는 날이면 설레고 뿌듯했습니다. 새로운 것, 더 심오한 무엇을 향해 가는 데 필요한 재료와 도구를 얻은 느낌이었던 듯합니다. 책을 집에 들고 오면, 집에서 가장 깨끗한 종이 부대를 잘 오려내었습니다. 누런색일지언정 새 책을 보호해주는 임무는 충분히 수행할 수 있을 것이라는 믿음으로 정성 들여 책 덮개를 만들었습니다. 마치 요즘 MZ 세대가 새 스마트폰을 사면 보호필름이나 강화유리를 붙이고, 새 케이스를 마련하는 것과 비슷한 의식이라 하겠습니다. 어린 저에게 교과서는 가장 깨끗하고 귀중하게 보관해야할 그 무엇으로 다가왔습니다.

제가 고등학교에 다니던 시절 학력고사 최고점을 받은 전국 수석들은 신문과 방송 인터뷰에 나와 항상 "'교과서와 학교 수업'에 충실했기 때문에 오늘 고득점의 영광이 가능했다"고 말했습니다. 수능시대인 지금도 만점 득점자의 인터뷰 내용은 크게 달라지지 않았습니다. 대학 신입생이던 시절에 저는 친구들과 어떤 역사 문제에 대해 논쟁한 적이 있었습니다. 갑론을박이 있었고, 각자가자기주장의 근거를 제시하면서 논쟁은 한창 뜨거워지고 있었습니다. 그러던 중 한 친구가 수업을 마치고 동아리 방에 들어와서 논쟁에 끼어들게 되었는데, 논쟁의 요지를 파악한 그 친구가 "야! 니들 교과서도 안 읽었냐? 그거 교과서에 ○○○라고 되어 있잖아. 그런데 무슨 말이 이렇게들 많아!"라고 하는 한마디에 논쟁이 끝나버렸습니다.

이처럼 우리는 교과서와 학교 수업 내용에 집착하는 경향이 있습니다. 대부분의 학부모는 학교가 국가교육과정에서 제시한 교과별 지침에 따라 만들어진 교과서의 내용을 그대로 가르쳐야 한다고 생각합니다. 당연한 게 아니냐고 반문하는 분들이 많을 것입니다. 그런데 우리나라가 촘촘한 국가교육과정과 국·검정 교과서 중심으로 학교를 운영하는 데는 몇 가지 역사적·시대적 상황이 연계되어 있습니다.

근대 개항 시기에 조선의 우국지사들은 교육입국敎育立國의 의지로 많은 신식학교, 근대식 학교를 설립했습니다. 이 시기에는 국가교육과정과 교과서가 있었을 리가 없었습니다. 각 학교마다 지역 주민과 학부모들이 필요한 교육과정을 구성하고 교육내용의 체계를 갖추어 교재 및 보조교재를 다양하게 만들어 활용했습니다.

당연히 당시의 학교들은 급변하는 국제정세 속에서 조선민족이 생존하고 번영하기 위해서 반일사상을 고취하고 자주 독립의식을 강조했습니다. 조선총독부는 1911년 조선교육령을 반포하고, 동법 제29조에서 "보통학교, 고등보통학교, 여자고등보통학교, 실업학교의 교과목 및 그 과정, 직원, 교과서, 수업료에 관한 규정은 조선총독이 정한다"고 규정하고, 학교의 교육과정 운영, 교과서 등 수업 교재 및 보조교재 선정 권한을 강탈했습니다. 이후 교육과정의 운영과 교과서의 국·검정 체제가 조선총독부에 의해 강화된 사실은 부연할 필요가 없습니다.

일제강점으로부터 해방된 이후 '자유 독립 대한민국'에서도 80년 가까운 기간 동안 일제총독부가 강압적으로 심어놓은 국가교육과정 체제와 교과서 국정-검정 체제를 유지하고 있는 상황은 매우 모순적입니다. 굳이 변명을 찾자면, 우리나라가 해방 이후 한국전쟁을 겪으며 매우 열악한 사회적 환경과 경제적 어려움에 처해 있었기 때문이라고 할 수 있습니다.

학교 건물도 지을 돈이 없던 시절, 지역사회가 스스로 교육과정을 편성하고, 풍부한 자료를 탐색할 수 있는 여력이 없었을 것입니다. 또한 개별 학교마다 합의과정을 통해 교육과정을 편성하고 교과목마다 적절한 수업 자료를 확보하기는 더욱 쉽지 않았을 것입니다. 이 때문에 중앙집권적으로 국가교육과정을 구성하고, 필요한 교육 자료를 체계적으로 구성한 국정 교과서를 제작하여 배포했을 것입니다. 덕분에 빠른 속도로 대중에게 지식을 전파하고 국민교육의 수준을 향상시키는 것이 가능한 측면도 있었을 것입니다.

••• 국가교육과정과 교과서 제도는 후진 산업국의 궁여지책

일부 근대산업사회의 근대학교는 국가가 주도하여 국가교육과정과 교과서 제도를 운영했습니다. 이는 후발 산업국가였던 독일과 러시아가 시도한 전략이었고, 메이지유신 이후 일본제국주의자들이 따른 전략이었습니다. 선발 산업국가였던 영국, 네덜란드, 프랑스 등 많은 유럽 국가들이나 지역 주민 자치의식이 강한 미국이나 호주 같은 국가들은 중앙집권적인 국가교육과정과 교과서 제도를 운영하지 않았습니다.

예를 들면, 영국의 공립학교 교육은 1980년대까지도 통일된 국가교육과정을 운영하지 않았고, 지금도 우리나라와 같은 상세한 국가교육과정 규정은 존재하지 않습니다. 영국의 국가교육과정은 공립학교가 따라야 하는 분야별 교육의 기본 방향과 일반 원칙만 제시할 뿐, 국가가 제작하거나 검증하고 인증하는 교과서가 없습니다. 교과서 자유발행제를 채택하고 있는 영국, 프랑스, 핀란드 등도 비슷한 방식으로 학교교육을 운영하고 있습니다.

교과서 인증제를 채택하고 있는 미국, 독일 등의 경우에도 교과서를 중심으로 학교 수업을 수행하지 않습니다. 학교에서 선택한 교과서는 대부분의 경우 교사들이 수업에 활용하는 많은 교재 및 보조교재 중의 하나에 불과합니다. 미국 유학시절, 아이들이 다니는 미국의 초·중·고등학교에서 엄청나게 두꺼운 교과서를 학생들에게 나눠주는 걸 보고, '저걸 한 학년에 다 끝낼 것인가' 하고 놀랐고, 학교 수업에서 교과서를 거의 사용하지 않는 관행을 보고 또 한 번 놀랐던 경험이 있습니다.

1800년대 제국주의 열강들의 각축이 심화되던 시기에 근대 산업화에서 선발 산업국가들에 비해 뒤처진 독일과 일본 같은 후발 산업국가들은 갈 길은 멀고 마음은 급한 상황에 처했습니다. 한 발 한발 확인하고 체험하면서 발견적 과정을 따르기에는 너무 뒤처져 있다는 위기감에 휩싸여 있었습니다. 그들은 빠르게 근대적 산업화를 이루고 군대와 행정 체계를 효율적으로 운영할 수 있는 인력을 기를 수 있는 방법이 필요했습니다. 이에 체계적으로 정리된 근대적 지식과 정보를 빠르게 국민들의 머릿속에 주입하는 방법을 고안해냈습니다. 결국 가난한 국가들이 구사할 수 있는 추격국가의 전략으로 획일적 국가교육과정과 교과서 체제를 채택했던 것입니다.

인쇄지식 시대의 후발 산업국가들의 추격 전략은 도서관의 체계를 따라 중앙집권적 국가교육과정과 국가주도의 교과서를 만들어내는 것이었습니다. 국가교육과정은 도서관의 각 분야를 담는 방식으로 구성되었고, 교과목과 해당 교과서는 도서관의 한 섹션의 지식과 정보를 기초부터 심화 수준을 나누어 담는 방식으로 만들어졌습니다.

근대적인 합리성 그리고 경험적인 확인에 기초한 교육정보보다 개념과 이론 간의 연관 관계가 중심이었습니다. 빠르게 근대적 탐구와 경험의 결과물만 암기하여 머리에 저장하는 방식으로 대중교육 체계를 구축한 것입니다. 국가교육과정은 이러한 교과목과 교과서의 체계를 담는 커다란 프레임워크로서, 도서관 구성 원리와 다르지 않았습니다.

이처럼 종이책 형태의 교과서는 후진산업국가의 도구적이고 방편적인 정책이었을 뿐입니다. 후진산업국가가 핵심 지식과 정보를 획일적으로 국민들에게 주입해 생산력을 증대시키기 위한 수단이었습니다. 선진 산업국가들은 획일적이고 강제적인 방식을 쓸 필요가 없었기에 표준화된 국가교육과정도 획일적인 교과서도 필요하지 않았던 것입니다.

처음에는 엄청난 저항을 일으키지만, 강압은 저항을 꺾고, 반복되는 일상 속에서 습관은 관행이, 관행은 전통이, 전통은 정통이되어버립니다. 국가교육과정 중심 체제, 학교교육과정의 부재, 교과서의 국·검정 및 인정제도 운영도 처음에는 엄청난 저항을 일으켰지만, 총독부의 강압으로 지속적이고 반복적으로 강화되었습니다.

해방 이후에도 일제시기에 관행화된 제도는 그대로 유지되었습니다. 이제는 전통을 넘어 정통이 되어 국가교육과정과 교과서가없으면 학교교육이 이루어지지 못할 것이라는 공포에 빠지는 지경에 이르렀습니다. 시도별 교육과정, 학교별 교육과정, 교사별 교육과정을 자율적이고 창의적으로 시도하면 국가교육과정을 어기는불순한 의도로 여겨지거나, 학력 저하의 주범으로 지목되기도 합니다. 교과서를 반대하기라도 하면 급진 과격분자나 반사회적 위험인물처럼 취급되기도 합니다.

그러나 포노사피엔스는 디지털 네트워크 지식 세계를 유영하는 새로운 종족이자 신인류입니다. 이들은 기존의 지식과 정보 체계에 기반한 학습법과는 전혀 다른 접근과 활용법을 사용합니다. 포노사피엔스는 기존 세대인 산업사회의 인쇄지식 세대와 전혀 다른 우주에 사는 외계인과 같습니다. 따라서 포노사피엔스를 위한 학교는 근대학교와는 전혀 다른 원리에 입각해서 운영되고 별개의 활동 방식을 제공해야 합니다. 이와 관련해 지난 10년 동안 추진되어온 디지털 교과서 정책을 검토해볼 필요가 있습니다.

이미 선진국들은 교과서 자유발행제 등 매우 유연한 교과서 정책을 펼쳐온 지가 수십 년이 되었습니다. 우리나라도 기존의 교과서 정책을 종이교과서에서 디지털 교과서로 전환하는 정책을 추진하고는 있지만, 아직 별다른 성과는 없는 상황입니다. 아마 앞으로도 별다른 성과가 없을 것이라 여겨집니다. 왜냐하면 디지털 네트워크 지식 시대는 더 이상 교과서가 필요하지 않기 때문입니다. 학생들은 자신을 둘러싼 지식과 정보 세계를 유영하면서 모든 것을 교과서로 삼을 수 있습니다. 또한 모든 것들이 자신의 스마트 기기에 연결되어 있기에 지식과 정보를 따로 모아 교과서를 통해 전달한다는 관념 자체가 낯설고 불필요하게 여겨질 것입니다.

근대학교에서 교과서는 교육과정을 운영하는 핵심 도구였습니다. 이 교육과정은 학문 분류 및 도서관의 도서 분류체계를 따라 교과목 분야별 지식의 선후체계를 담고 있었습니다. 한 교과목의 교과서 한 권은 생명과학, 화학, 한국사, 경제학과 같은 도서관의 도서 분류체계의 영역별 지식을 잘 정리한 책이었습니다. 그러나 디지털 네트워크상의 지식은 도서관과 같은 구조를 지니지도, 그렇게 분류할 수도 없습니다. 인공지능과 결합한 검색엔진은 검색자가 요청하는 지식과 정보를 순식간에 입체 그물망 형태로 보여주기에 굳이 일정 학문영역을 정리한 디지털 교과서가 필요하지 않습니다.

디지털 네트워크 지식 시대를 사는 포노사피엔스는 도서관의 구조와 체계의 순서에 따라 학습하지 않습니다. 오히려 지엽말단에서 시작해서 거꾸로 학습해 나가는 방식으로 학습합니다. 또한 필요한 지식과 정보는 수시로 불러와 적용하는 방식으로 학습합니다. 오히려 포노사피엔스에게 가장 유용한 교과서는 디지털 네트워크 그 자체이고, 네트워크를 누빌 수 있는 스마트 기기입니다.

게다가 디지털 네트워크 지식과 정보는 교과서 형태로 담겨질 수 있는 성격의 내용물이 아닙니다. 다차원적 관계성이 있는 개념과 정보를 평면적인 종이책 혹은 디지털 매체에 담을 수 있다고 생각하는 것 자체가 난센스입니다. 인쇄지식에 토대를 두었던 근대학교일지라도 제대로 학습하는 학생을 양성하고 싶다면, 교과서를 쥐어줄 것이 아니라, 학생들이 도서관에서 필요한 지식을 찾아 적용해보도록 하고, 나아가 관련 분야의 전문가와 관계자들을 찾아 확인하고 익힐 수 있는 방식으로 학습이 진행되어야 했습니다. 종이책 형태의 교과서가 근대학교에서도 바람직하지도 효과적이지도 않은 학습도구이었듯, 디지털 형태의 교과서도 디지털 네트워크 지식 시대에 맞지도 효과적이지도 않는 도구가 될 것입니다.

인쇄지식 시대라는 상황을 벗어나면 새로운 환경에 적합한 제도로 전환을 해야 하는데, 우리는 지난 30년간 후진산업국가, 자원이 부족한 사회에서 벗어나는 과정에서 사회경제적 발전에 상응하는 적절한 교육운영체제를 구축하지 못했습니다. 후진산업국가에서 가성비를 위주로 구사한 전략, 중앙집권적 독재국가에서 운영하는 제도, 조선총독부가 이식한 제도를 벗어던지지 못하고 현재에 이르고 있는 안타까운 상황입니다.

이러한 관점으로 보면 선진국이 된 대한민국에서 디지털 네트워크 지식 시대의 선도자로 살아가는 포노사피엔스에게 디지털 교과서가 필요할지 의문입니다. 의미도 없고, 가능하지도 않고, 필요하지도 않은 디지털 교과서를 만들려고 애쓰는 것이 아니라, 시대에 맞게 학교운영방식을 바꾸어야 합니다. 지식과 정보를 자유자재로 다룰 줄 아는 포노사피엔스의 역량에 맞게 새로운 학교운영체제 그리고 혁신적인 교수학습법을 시도할 때입니다.

선진국이 된 한국 사회, 이제는 추격을 넘어 추월을 해나가는 한국 경제력과 기술력 단계에 맞게 교육과정을 바꾸어야 합니다. 국민의 높아진 의식과 역량 수준에 맞게 주민 자치에 기반한 학교별 교육과정, 학생별 개개인화된 교육과정으로 시급히 전환해야 합니다. 우리는 오래전에 지역과 학교가 자체적으로 준비하는 교육을 가장 중요한 주민 자치활동으로 운영한 역사가 있습니다. 서당과 서원이 바로 그 '오래된 미래'입니다. 이제 중앙에서 몇몇 전문가가 결정하는 국가교육과정과 교과서 체제를 벗어나, 지역별로, 학교별로, 교사와 학부모가 머리를 맞대고 학생의 상황에 맞게 학습계획을 수립할 수 있는 개개인화 교육과정과 그에 맞는 학습 자료를 활용하는 체제로 전환해야 합니다.

지식 스트리밍 시대의
새로운 학교운영체제

본래 교육과정은 궤도를 의미한다고 합니다. 마차를 타고 다니던 시절, 교육과정을 뜻하는 영어 단어 '커리큘럼curriculum'은 마차 바퀴가 지나간 자리에 난 자국을 따라 마차들이 달리게 되어 굳어진 궤도를 의미하는 라틴어에서 온 말로 '말이 달리는 코스'라는 의미를 가진다고 합니다.

　우리나라처럼 국가에서 학생들이 달려야 하는 궤도를 결정하는 경우에는 그 경직성이 강하게 나타날 것입니다. 우리는 중앙집권적인 국가교육과정뿐만 아니라, 국가가 만드는 국정 교과서, 국가가 제시한 지침을 충실하게 따라서 만들어지는 검정 교과서 제도까지 운영되고 있습니다. 게다가 초·중·고등학교 교육이 마감되는 시점에 교육내용과 성취기준을 기반으로 출제되는 대학수학능력시험까지 갖추고 있어 가장 경직적인 궤도 달리기형 교육이 되고 말았습니다.

아무리 국가교육과정에 다양한 궤도를 만들고 일정 구간에 한해 다양한 갈래를 허용한다고 하더라도 기본적으로 궤도를 달리도록 만들어졌다는 점은 달라지지 않습니다. 4차 산업혁명시대의 선진국으로서 우리나라는 경쟁국들보다 앞서 추월의 시대를 구가하려 합니다. 그러나 여전히 궤도를 따라 달리는 교육은 우리사회의 발전과 성장에 커다란 장애요인입니다. 궤도차를 아무리 다듬고 개선한다고 해도 자율주행 자동차가 되지는 못합니다. 스스로 판단하고, 없는 길을 만들고, 새롭게 도전해야 하는 우리나라 청소년 세대를 위한 자율주행식 교육과정, 교과서 제도, 평가 제도에 대한 고민이 깊어지는 이유입니다.

우리사회에서 교과서가 어떤 의미인지 생각해보아야 합니다. 그런 의미에서 박근혜 정부에서 추진했던 역사교과서 국정화 정책을 검토해보려 합니다. 막대한 예산을 들여 국정 역사교과서를 개발하고, 수십억을 들여 홍보를 했지만, 국민과 학생들의 강력한 반대에 부딪쳐 한번도 사용하지 못하고 그대로 폐기처분되고 말았습니다. 당시 국정 역사교과서를 반대했던 가장 핵심적인 이유는 정부가 역사 해석을 독점하고, 특정 해석만을 정통으로 주장하려는 발상이 독재적이라는 점이었습니다.

비단 역사교과서에만 적용되는 주장일까요? 정치와 법, 사회와 문화, 심지어 과학 교과서일지라도 수많은 논란 과정이 사라지고, 오로지 하나의 주장이나 이론만을 올바른 것으로 가르치고 있다면, 그런 교과서는 반교육적입니다. 한국의 교과서가 그렇습니다. 교과서는 수많은 논란을 제거하고 오로지 하나의 정답만을 제시해야 합니다. 게다가 교과서는 곧바로 수능 문제의 정답을 결정하는 기준이 됩니다. 정도의 차이는 있겠지만 역사교과서 국정화가 지닌 문제는 모든 국·검정 교과서와 인정 교과서에서도 비슷하게 나타나고 있습니다.

···· 평균 궤도만을 돌게 만드는 경직된 교육과정

첫 번째, 교사와 학생의 사고와 활동을 일정 궤도에 가두는 문제가 있습니다. 우리나라는 전국의 거의 모든 학교가 동일한 내용을 비슷한 속도로 가르치고 있습니다. 지난 십수 년 동안 검정 교과서와 인정 교과서 종류가 늘어나고 있어 교과서를 제작하는 출판사별로 약간의 다양성이 있다고는 하나, 각종 교과서의 내용은 대동소이합니다. 기본적으로 국가교육과정이 제시하는 내용 체계와 성취기준상 학습요소, 교수 학습 방법, 평가 방법 및 유의사항 등을 따라 제작된 교과서이기 때문입니다.

이러한 교과서 체제의 가장 큰 문제점은 교사의 전문적 창의성과 학생들의 학습 다양성을 제한하고 판박이 수업과 '따라 하기' 학습을 조장한다는 점입니다. 그리고 교사가 교육가로서 전문성을 발휘할 기회를 박탈합니다. 교사가 스스로 노력해 수업 교재 및 보조교재를 제작하고, 적합한 소재와 자료를 선택해 수업을 설계할 유인을 빼앗기 때문입니다. 학생들 또한 스스로 찾아보고, 생각해보고, 적용해볼 자극을 받지 못합니다. 오히려 교과서와 교과서를 해설한 참고서와 문제집 속에 빠져 틀에 박힌 학습자가 되도록 길들여집니다. 수전노가 돈을 끝없이 모으고는 돈을 지키는 노예가 되듯이, 교과서는 학생들을 고정된 지식과 정보를 끝없이 모아서 정리하고 관리하는 노예 상태로 전락시킵니다.

두 번째, 국·검정 교과서 제도는 교육과 학습을 저장량 개념으로 타락시킵니다. 이제 사회와 학생의 역량이 지식과 정보의 재고량에 좌우되는 시대는 끝났습니다. 지식과 정보의 재고관리 체제는 지식 스트리밍 시대에는 비효율을 넘어 막대한 장애가 되고 있습니다. 최근 국제적으로 '배운 것 지우기 학습un-learning'과 '새롭게 배우기re-learning'를 강조하는 것도 근대학교 체제에서 진행된 재고관리 중심 교육의 폐해를 씻어내기 위한 노력이 필요함을 강조하는 것으로 이해할 수 있습니다.

재고를 아무리 많이 쌓아둔들 회사에 무슨 이득이 있겠습니까? 오히려 재고관리 비용만 발생시킬 뿐입니다. 70년대 일본 기업들은 물리적 실체를 지닌 재화조차도 필요할 때 바로 주문-활용하여 생산함으로써 재고를 최소화시키는 적시생산체제(Just In Time, JIT)를 운용하여 세계적인 혁신가로 올라섰습니다. 이제 학습도 적시활용학습(Just In Time Learning, JIT Learning)이 가능한 디지털 네트워크 지식 시대가 열렸는데, 한국의 교육은 여전히 더 많은 재고를 확보하고 관리하는 방식의 교과서를 고집하고 있습니다. 철 지난 근대학교 방식은 빨리 그만두어야 합니다.

세 번째, 국·검정 교과서 제도는 자율과 창의의 바탕인 학교자치를 방해합니다. 누가 언제 무엇을 어떻게 가르치고 배울 것인가를 결정하는 과정이 교육자치의 핵심입니다. 전통적으로 우리는 이 과정을 지역 주민의 자치를 통해 수행해왔습니다. 서당과 서원의 교육과정, 교재와 보조교재 선정 등은 지역 주민들이, 특히 학부모들이 교사와 협의하여 결정했습니다. 그러나 헌법이 보장하고, 1991년에 시행된 지방자치제에 따라 시행되고 있는 교육자치제도는 촘촘한 국가교육과정과 교과서 국·검정제도에 의해 반쪽짜리가 되었습니다.

누가 언제 무엇을 가르칠 것인가는 국가가 결정하고, 어떤 교재와 보조교재를 사용할 것인가의 핵심 요소도 국가가 결정하고 나면, 교사는 수업 과정에서 조금의 변용과 전달 방식의 변화만을 응용하는 수준에 머물게 됩니다. 학부모와 학생은 학교의 가장 핵심 구성원임에도 불구하고 아무런 발언권도 결정권도 없는 상태로 방치됩니다.

학생 개개인의 학습 요구와 수준은 누구보다도 학생 자신과 교사, 학부모가 잘 알고 있습니다. 그럼에도 불구하고, 현재의 대한민국 학교 시스템에 들어온 학습자는 '닥치고 따라와' 상황에 놓일 수밖에 없습니다. 학습자가 지난 학년에서 제대로 배웠든, 그렇지 못했든, 자신의 소질과 관심, 진로와 관련이 있든 없든, 일단 학교 시스템 안에 들어오면 컨베이어벨트에 실려 가는 원광석처럼 속절없이 빠르게 따라가야 하는 상황에 놓입니다.

개개인화된 교육과정은 감히 기대할 수조차 없습니다. 하버드 교육대학원 개개인학 연구소장이자 개개인의 기회연구소(Center for Individual Opportunity)를 설립 운영 중인 토드 로즈Todd Rose는 소리 높여 '평균의 종말'을 외쳤습니다. 그러나 우리의 교육과정과 교과서는 강고하게 평균만을 지향하고, 학생들이 평균에 고정된 궤도를 무한정 돌게 만들고 있습니다. 2022 교육과정에 따르면, 고등학교의 경우, 192학점을 졸업학점 기준으로 한다고 합니다. 앞만 보고 달려도 192학점을 채우려면 정신이 없을 것입니다. 학생이 중심이 되어 스스로 만들어가는 수업은 120학점을 해도 벅찰 것입니다. 대학은 4년간 140학점을 이수하는데, 고등학생은 3년간 192학점을 이수하라고 한다면, 도대체 누구와 무엇을 위한 교육과정일까요?

···• 학교와 학습자 모두를 위한 운영체제가 필요하다

1991년 지방자치제도가 부활한 이래 지난 30년간 숱한 우여곡절 속에서도 일반 행정 영역에서는 많은 창조적 혁신과 지역단위 자치모델이 개발되고 운영되었습니다. 그러나 교육 분야는 여전히 국가 중심적인 교육과정 체제와 교과서 국·검정 체제를 유지하고 있습니다. 지역단위는 고사하고 광역단위에서조차도 자치와 자율 속에서 창의와 혁신이 꽃피는 학교를 만드는 데 많은 장애에 직면하고 있습니다.

이제 선진국이 된 대한민국답게, 민주주의와 지방자치를 30년 넘게 운영해온 시민들의 수준에 맞게 교육도 높은 수준의 자치

체제로 전환해야 합니다. 그 첫걸음이 교육과정과 교과서 자율 체제라고 할 수 있습니다. 학습자의 상태와 수준을 가장 잘 진단할 수 있는 학교와 지역, 교사와 학부모가 "어떤 교육과정을 어떤 미디어를 통해, 학생들이 배우게 할 것인가"를 함께 만들어가도록 보장하고 지원해야 합니다.

더 이상 잘 갖추어진 재고목록(국가교육과정)으로는 새로운 창조가 어렵고, 아무리 많은 재고를 갖춘 창고(교과서)를 잘 만들어도 개개 학교와 학생별 학습요구를 맞출 수 없습니다. 스스로 기획 설계하고, 함께 만들어가는 경험을 통해 창조와 혁신이 일상이 되어야 합니다. 그리고 도전을 통해 실패와 성공의 과정 자체를 즐기고 배울 수 있는 자치와 자율체제로 학교교육을 전환해야 합니다. 어떤 체계적인 재고 조사(수능시험)도 혁신적 창조 역량을 측정할 수는 없습니다. 이런 과정을 통과한 학습자는 잘 해야 저장된 재고목록을 잘 외우는 창고지기밖에는 안 됩니다.

이제 국가교육과정을 대폭 축소하여 방향과 원칙만 제시하도록 하고, 시도 교육과정체제로 전환하고, 나아가 핵심적인 교육과정과 내용, 수업과 평가 방식은 학교가 교사-학부모-학생-지역사회와 머리를 맞대고 고민하고 자치적으로 결정하여, 현장에 맞게 실천할 수 있도록 전환해야 합니다. 교육대전환의 첫발은 여기서 떼어야 합니다.

한국 공교육과 사교육은 샴쌍둥이

7

최근 전 국민의 사랑을 받았던 드라마 《이상한 변호사 우영우》에
는 어린이 해방군 총사령관 방구뽕 이야기가 나옵니다. 방구뽕은
학교를 마치기 무섭게 학원으로 돌진하고, 저녁은 허겁지겁 편의점
삼각 김밥과 컵라면으로 때우고, 또 다른 학원으로 달려가는 어린
이들을 해방시켜야 한다고 주장합니다. 강남 몰입형 학원의 원장
인 어머니로부터 '공부 학대'를 받고 명문대 입학에 성공한 방구뽕
은 "어린이는 지금 당장 놀아야 한다", "어린이는 지금 당장 건강해

야 한다", "어린이는 지금 당장 행복해야 한다"는 해방군 강령을 제시합니다. 그러면서 "학교와 학원, 부모들의 간교한 주문을 물리치고 지금 당장 놀자"고 외칩니다. 방구뽕 에피스드는 대한민국 사교육의 현주소에 대한 신랄한 비판입니다.

대한민국에서 사교육은 하지 않을 수도 막을 수도 없는 영역입니다. 오히려 끝없이 진화하고 확장되고 있습니다. 통계청의 발표에 따르면, 평균 네 명당 세 명의 학생이 사교육을 받고 있습니다. 학생 1인당 사교육비는 심지어 계속 늘어나고 있으며, 가구 소득별 사교육비 격차도 심화되고 있습니다. 2014년 고소득 가구와 저소득 가구의 사교육비 지출은 6배 이상 차이가 났고, 2019년에도 격차는 줄어들지 않았습니다. 이는 심화된 사회 양극화와 공정 교육 논의와 관련이 있습니다. 사교육은 가계 부담의 요인일 뿐만 아니라, 계층별 교육격차의 중요한 요인이기도 합니다.

대부분의 학부모는 자녀의 사교육비가 가계에 큰 부담이 된다고 고통을 호소하고 있습니다. 그리고 소득이 높은 가구일수록 더 높은 사교육비를 지출하고 있습니다. 한국의 학부모는 왜 사교육비를 가계에 부담이 되는 수준까지 지출하며 자녀를 학원에 보내는 걸까요? 한국에서 사교육을 하는 이유로 높은 교육열, 경쟁이 치열한 대입제도, 노동시장의 양극화 심화, 학벌주의 사회 등이 거론됩니다. 그러나 근본적인 요인인 한국 공교육 체제와 사교육의 관계는 언급이 되지도, 논의가 되지도 않습니다. 이 둘은 샴쌍둥이와 같은 관계이며, 공교육 운영방식이 '사교육의 배양토' 역할을 수행합니다. 우리나라의 공교육 체제와 사교육 현상은 한 몸을 공유하거나 신체의 일부가 붙은 채로 태어나는 샴쌍둥이 같습니다.

전국의 모든 학교와 교실에서 국가교육과정에 따른 교과서를 이용하여 동일한 내용을 동일한 속도로 가르치고, 그 결과를 전국 단위의 동일한 시험, 즉 대학수학능력시험으로 평가하는 한국 공교육의 현실은 마치 마라톤 경주와 같습니다. 이미 정해진 코스를 달린다는 점에서는 마라톤 경기와 닮았지만, 한국 공교육은 다른 점이 있습니다. 반드시 같은 시각에 시작하고, 자신의 발로 뛰어야 하는 경주는 아니라는 점에서 마라톤과는 전혀 다릅니다.

한국의 공교육은 이미 정해진 국가교육과정을 따라 진행되기 때문에 누구나 가능한 이른 시기에 출발하려는 유인이 작동합니다. 가정의 경제력과 지역 여건에 따라 차를 타고 달려도 되고, 오토바이를 타고 달려도 됩니다. 때문에 선행학습이 주요 목적인 한국의 사교육은 중고교 사교육을 넘어 유치원, 유아 영아 사교육까지 확장된 지 오래입니다.

선행학습을 도와주는 발 빠른 사교육이 있는데, 가정여건이 허락한다면 이용하지 않을 사람이 있겠습니까? 아니 자녀의 삶이 힘들고 피폐해지지 않도록 하기 위해서는 설령 가정 경제에 무리가 되더라도 리무진을 태우지는 못할망정, 택시나 오토바이라도 태워서 경주에 내보내고 싶은 게 부모의 마음일 것입니다. 그래서 저소득층 가구는 자전거라도 태우고, 고소득층 가구는 승용차와 리무진을 태워 경주에 참가하고 있는 현실이 바로 한국 사교육의 현장입니다.

••• 사교육을 지키는 삼총사: 국가교육과정, 교과서, 수능

전국의 모든 학교와 교실에서 이미 정해진 코스를 따라 동일한 내용을 가르쳐야 하는 마라톤 경주와 같은 학교교육에 대해 다시 살펴보겠습니다. 우리나라는 학교에서 운영해야 하는 '교육과정의 기준과 내용에 관한 기본적인 사항'을 교육부 장관이 정하도록 하고 있으며, '교육감은 교육부 장관이 정한 교육과정의 범위안에서 지역의 실정에 맞는 기준과 내용을 정할 수' 있습니다(초중등교육법 제23조).

학교는 국가가 저작권을 가지고 있거나 교육부 장관이 검정하거나 인정한 교과용 도서를 사용해야 합니다. 동시에 학교에서 가르치는 내용은 국가교육과정을 따라 교과서를 통해 제시됩니다.

교육부 장관이 정한 국가교육과정에 기초하여 작성된 교과서를 학교는 의무적으로 사용하여야 합니다. '학교에서는 국가가 저작권을 가지고 있거나 교육부 장관이 검정하거나 인정한 교과용 도서를 사용하여야' 합니다(초중등교육법 제29조).

다시 말하면 학교에서 사용하는 교과용 도서는 국정도서가 있는 경우에는 국정도서를, 국정도서가 없는 경우에는 검정도서를 사용해야 하고, 국정도서나 검정도서가 없는 경우에 한해서, 시도교육청 등이 인증한 인정도서를 사용할 수 있습니다(교과용 도서에 관한 규정 제3조). 학교의 교사는 국가가 정한 교육내용에 따라 만들어진 교과서를 활용해 학교 수업을 해야 한디는 뜻입니다. 결국 학교에서 가르치는 교과목 구성과 교과의 내용 그리고 세부적인 수업 자료 및 핵심 평가 방법 등이 모두 동일하게 정해진 상황에서 학교교육이 진행되는 것입니다.

이와 같은 상황에 처한 학생과 학부모의 입장에서 누가 순서를 기다려 경주를 시작하겠습니까? 한국에서 유독 사교육이 성행하고 선행학습이 필수라고 여겨지는 이유는 학부모들이 이미 학교교육이 정해진 코스를 달리는 마라톤 경주와 같다는 점을 알고 있기 때문입니다. 또한 어떤 탈 것을 타고 달려도 되는 경주라는 점과 심지어 빨리 출발할수록 유리한 경쟁이라는 점을 간파하고 있기 때문입니다.

아무리 정해진 코스를 달리는 경주와 같다고 하더라도 중간에 다른 길로 갈 수도 있고, 다양한 방식을 적용하여 코스를 달릴 수도 있다고 생각할 수 있습니다. 그러나 현실은 그렇지 않습니다. 우리나라의 국가교육과정과 학교교육이 다양해질 수 없는 다른 이유는 학기 중에 시행되는 지필고사인 중간고사와 기말고사라는 중간 확인 지점이 있기 때문입니다. 그리고 대미를 장식하는 수능시험이 마지막 결승점을 지키고 있습니다.

대학에 입학하거나 고등학교 졸업장을 받기 위해서는 누구나 주어진 코스를 벗어나지 말고 계속 달려야 합니다. 수능시험은 학생이 달려온 길에서 무엇을 느끼고 무엇을 깨달았는지 묻지 않는 결과 중심의 평가입니다. 그저 결승점에 언제 도착했는지, 얼마나 빨리 왔는지 점검하는 경주와 같은 셈입니다. 따라서 학생과 학부모는 남보다 먼저 출발하고, 발로 뛰는 대신 자전거, 오토바이, 자동차를 이용할 수 있다면 언제나 그렇게 할 유인에 직면합니다.

우리나라의 수능시험은 특히 모든 참가자를 한 줄로 세우는 매우 강력한 상대평가 체제, 선착순 경주가 아닙니까? 결국 국가교육과정, 이에 기초한 교과서 제도, 수능시험이라는 삼총사가 모든 학교수업을 획일화시키고 있는 상황입니다. 사교육과 선행학습을 하지 않는 사람은 특이하거나 이상한 사람, 낙오자, 혹은 바보가 됩니다. 이 때문에 우리나라의 공교육 체제가 사교육을 활성화시키는

'사교육의 최대 후원자'라고 말할 수밖에 없습니다.

2010년대 초, 저는 미국의 초·중·고등학교 교육을 3년 넘게 지켜볼수 있는 기회가 있었습니다. 초등학교 5학년인 둘째 아이는 사회수업에서 1800년대 미국의 노예노동과 면화 생산에 관한 자료를 찾아 읽고, 이해하고, 정리하고, 관련된 그림과 다이어그램을 그리느라 한 학기 내내 바쁜 시간을 보냈습니다. 아이가 만드는 전지 크기의 발표 자료는 1800년대 아프리카에서 자행된 노예사냥에 대한 것이었습니다. 노예사냥이 당시 미국의 면화 산업을 위한 노동력 확보 전략이었다는 점과 노예의 노동을 통해 생산된 면화가 영국 등에서 생산되는 공산품 수입을 위한 자원이 되었다는 내용 등이 담겨 있었습니다. 또한 중학생인 아이는 생물시간에 '친환경 세제와 일반 세제의 차이점'을 주제로 한 학기 동안 개인 프로젝트를 했습니다. 그런데 해당 학년 모든 학생들이 자신이 선택한 개별적인 주제를 중심으로 프로젝트를 수행하고 있었습니다.

"별아, 다른 애들은 어떤 프로젝트를 해?"

"응, 보니 한 애는 탈라하시의 재활용 정책을 조사한다고 하던데. 기후변화와 미국 정부의 대책 같은 프로젝트도 있고."

"그럼, 네 프로젝트는 어떻게 진행할 거야?"

"응. 선생님이 프로젝트 수행방법과 절차, 판단 기준, 발표 방법 등에 대해 정리된 자료를 주셨어."

생물 교사가 준 프로젝트 가이드를 보니 프로젝트 주제 정하기, 연구 방법 정하기, 주요 증거 제시하기, 발표문 정리하기와 토론하기 등에 대한 안내와 기준 그리고 학기말 프로젝트 평가 기준도 명확히 제시하고 있었습니다. 인상적인 부분은 프로젝트가 원래 의도대로 결과물이 나왔는지가 아니라, 프로젝트 수행하는 과정에 지켜야 할 기준을 제대로 지켰는지를 중심으로 평가한다고 적시된 부분이었습니다. 교사는 모든 학생의 주제, 프로젝트 수행, 방법 설계, 일정, 수행결과 발표, 토론 등을 꼼꼼히 지도했습니다. 비록 큰 아이의 프로젝트는 실패했지만 프로젝트 수행 과정과 절차, 실패하게 된 이유, 향후 보완점 등을 잘 정리해 발표했고, 결국 좋은 성적을 받았습니다.

미국의 학교교육은 학생들이 학원에 가거나 개인 과외 등을 받을 수 없는 방식으로 진행되었습니다. 수학을 제외하고는 과외를 시켜서 학교에서 효과를 볼 수 있는 경우가 없었습니다. 일단 학교 수업이 학교마다 교사마다 모두 다르게 진행됩니다. 그리고 중간고사나 기말고사 등이 거의 없고, 있는 경우에도 객관식 상대평가 시험을 찾을 수가 없었습니다. 수학을 제외하고는 쪽지 시험도 거의 없었습니다. 대부분은 수행평가 방식으로 진행되었습니다. 학교 수업시간에 학생이 어떻게 활동하는가를 평가하는 것입니다.

대부분의 교육 선진국들은 국가교육과정이 방향과 원칙만 제시하고 개별 학교와 교사가 참고하는 권고사항에 불과합니다. 학교교육은 학교단위에서 교육과정을 결정하고 교사와 학부모, 학생이 수업 내용을 결정하는 체제로 운영합니다. 우리나라는 경제 수준과 국민의 교육수준에 비해 볼 때 세계 10위권에 드는 선진국이지만, 선진국 중에서는 드물게 강력한 국가교육과정 체제, 국가가 관리하는 교과서 제도, 전국 단위 객관식 상대평가 방식의 대입시험제도를 운영하는 나라입니다.

다른 교육 선진국들이 운영하는 학교별, 교사별, 개인별 교육과정의 몇 가지 사례를 살펴보겠습니다. 뉴질랜드, 호주, 유럽 국가들은 학생의 상황과 수준에 맞춰 학교 선생님들이 수업 계획을 짜고 학교교육과정을 편성해 운영합니다. 독일의 수업이 얼마나 개인화되어 있는지에 대해서는 여러 방송 프로그램에서 방송된 바가 있습니다. 프랑스로 이민 간 친구는 이런 말을 했습니다.

"(프랑스도) 한국과 비슷하게 교과서도 있고 프로그램도 정해져 있지만, 어떤 교육기관에서도 한국식으로 교과서를 다 떼는 걸 못 봤어요. 대체로 교과서가 있어도, 대부분의 수업이 교과서가 없이 진행되고, 수업에서는 답이 없는 문제를 두고 공부를 해요. 예를 들면, 우리 아이가 학교 생물 수업을 하는 걸 보고, 생물 교과서가 아예 없는 줄 알았을 정도예요. 학교수업이 시작되고 몇 달 만에 찾아보니 아이가 학교에서 배우고 있는 내용은 교과서의 내용과는 전혀 다른 내용이더라고요. 그런데 학교 선생님께서 하시는 수업이 정말 재미있었어요. 약 봉지에 쓰여진 약들의 분자량 계산하기, 생수에 함유된 이온이나 미네랄 분석하기 같은 것들이었어요. 일상생활과 연관된 생물 수업을 하는 거죠. 수업 내용을 보면, 생물 시간이지만 동시에 수학과 물리, 화학 교과내용과 연관시켜 수업을 하는 방식으로 수업을 하시더라고요."

학교마다 교사마다 다른 수업을 하고, 중간고사나 기말고사처럼 한꺼번에 객관식 평가나 문제풀이식 평가가 없으니, 학원이나 과외를 통해서 시험 준비를 할 수도 할 필요도 없습니다. 게다가 교사들은 매 수업시간이 평가시간이라고 할 정도로 학생들의 수업활동 과정을 진지하게 평가했습니다. 학교는 학기 중간이나 학기 말에 학부모 초청 공개수업을 하루 이틀 정도 합니다. 그때 가서 보면 각 교과목 담당 교사가 개별 학생들에게 수업시간과 숙제 평가 등에서 제시한 수많은 수정, 평가, 제안 내용을 담은 자료들이 학생별로 폴더에 수십 장씩 정리되어 있었습니다.

제가 경험했던 미국의 학교교육과 제 친구가 경험했던 프랑스 학교운영체제는 사교육이 성장할 토양 자체가 매우 척박합니다. 우리나라 교육계에도 널리 알려져 있다시피 유럽은 미국보다 더더욱 사교육이 자리를 잡기 어려운 상황입니다. 이는 유럽 국가들이 미국보다 더 개개인화된 학교교육체제를 운영하고 있기 때문입니다. 미국에 머무르는 동안 그곳에 거주하던 대부분의 한국 학부모들은 여전히 아이들에게 과외 공부를 시키고 있었습니다. 그런데 인상적이었던 점은 한국 학부모들이 아이들에게 시키는 사교육은 대부분 한국에 돌아갈 경우를 대비한 것이었습니다.

•••• 개개인화 교육과정을 위한 투자가 절실한 때

지난 박근혜 정부는 사교육을 방지하거나 줄이겠다고 선행학습금지법을 만들었습니다. 지금처럼 획일적이고 통제적인 국가교육과정 체제와 교과서 제도를 운영하는 한, 정부가 선행학습을 금지한다고 해도 사교육은 감소되지 않습니다. 결국 학교와 공공 교육기관만 법 적용을 받고 사교육 기관은 별다른 제재를 받지 않게 되면서 선행학습금지법은 있으나 마나한 법이 되고 말았습니다.

학부모 입장에서 생각해보면 누구나 언제든지 출발할 수 있고, 얼마든지 사교육의 도움을 받아서 경주를 할 수 있다면, '국가교육과정과 수능시험으로 이루어진 경쟁'이라는 전쟁터에서 누가 사교육을 받지 않겠습니까? 사교육의 문제를 해결하기 위해서는 국가교육과정과 결과 중심 평가인 수능을 혁파하고, 학교단위-교사단위의 교육과정 운영이 가능하도록 판을 바꿔야 합니다. 학생의 다양한 활동과 성장 과정을 평가하는 방식으로 우리 교육체제가 혁신되어야 사교육 문제가 근본적으로 해결될 수 있습니다.

개개인화 교육이 아무리 중요하다고 해도, 학교 여건은 바뀌지 않으면 소용이 없습니다. 현재처럼 30명 이상의 학생을 개개인별로 지도하라고 하면, 불가능한 일을 교사에게 부담시키는 꼴이 되고 말 것입니다. 학급당 평균 학생 수를 기준으로 정책을 세울 것이 아니라, 학급당 최대 인원수 제한 제도를 도입해 개개인화된 교육과정을 수행할 수 있는 여건을 확보하는 일이 시급합니다.

OECD의 2018년 조사 결과에 따르면 OECD 국가의 교사는 평균 주당 2.7시간을 행정 처리에 사용하지만, 한국의 교사는 주당 5.4시간을 행정 공문 처리에 사용한다고 합니다. 평균의 두 배에 해당하는 시간을 한국의 교사들은 수업준비와 학생지도와는 무관한 행정잡무 처리에 보내고 있다는 뜻입니다. 반면에, 한국 교사들은 OECD 국가 평균인 20.6시간보다 2.5시간 적은 18.1시간을 수업에 할애한다고 합니다. 극단적으로 이야기한다면 한국의 학교는 행정직원이 더 효율적이고 더 적은 비용으로 수행할 수 있는 행정

업무를 교사에게 시키고, 교사의 핵심 업무인 수업과 학생지도는 사교육에 외주를 준 꼴이 되고 말았습니다.

　　이제 결단의 시기가 왔습니다. 많은 부모들이 자신의 학생 시절 경험과 비교하면서 "더 이상의 학교교육 투자는 필요 없다"거나, "60명, 90명이 한반에서 이부제 수업을 하던 시절도 있었는데, 학급당 20명이 말이 되냐?"고 주장한다면, 후진국의 획일화된 무한경쟁 교육을 계속할 수밖에 없을 것입니다. 진정으로 학생 한명 한명을 소중하게 여기는 개개인화된 교육과정 운영을 통해, 한국의 미래세대가 세상에 없던 길을 만들어가는 프런티어로 성장하기를 원한다면, 지금 과감한 교육 투자가 필요합니다.

8

모두가 미래학교를 말하지만
아무도 모르는 이유

약 3,000년 동안 점토, 죽간, 양피지, 비단, 한지, 종이 등의 물리적 매체에 의존한 인쇄지식은 근대산업사회를 거치면서 최고조에 이르렀습니다. 이제는 정보화 혁명을 거치며 디지털 네트워크 지식에 그 자리를 내주고 있습니다. 그 과정에서 지식과 정보를 다루는 일이 어떻게 변화했는지, 그리고 지식과 정보를 생산-재생산하는 데 가장 중요한 역할을 수행하는 학교교육이 어떤 변화에 직면했는지를 앞 장에서 논의했습니다.

디지털 네트워크 지식 시대의 도래가 대부분의 사람들에게
는 실제적으로 느껴지지 않을 것입니다. 그동안은 손으로 만지고,
눈으로 직접 보고, 냄새를 맡을 수 있던 매체를 이용해서 지식과 정
보를 생산, 유통, 저장, 재생산해왔지만, 이제는 냄새도 맡을 수 없
고, 어디에 보관되어 있는지도 모르는 지식과 정보를 낯설게 여기
는 사람들이 많습니다. 검색하면 바로 눈앞에 나타나는 디지털 네
트워크 지식과 정보를 종이책에 인쇄되어 있던 내용이 그저 화면
으로 이동한 것뿐이라고 생각하는 사람들이 대부분인 듯합니다.

디지털 네트워크 지식은 형태, 유통 방식, 저장 및 소환 방식,
생산-재생산 방식, 그리고 각 과정의 담당자 등이 종이매체 기반의
인쇄지식과는 완전히 다릅니다. 인쇄지식은 근대산업사회에서 지
식인이라 불린 특정한 집단에 의해 생산·유통되었습니다. 지식인에
의해 생산된 지식의 일부는 학교와 언론매체 등을 통해 비지식인
들, 즉 일반인들에게 전달되거나 소개되었습니다. 반면 디지털 네
트워크 지식과 정보는 누구나, 언제나, 어디서나, 어떤 방식으로나
접속해 활용하고, 곧바로 새로운 지식과 정보를 추가하거나 창조해
내고 유통시킬 수 있습니다. 이제 모두가 지식인이 되거나 될 수 있
는 시대가 도래한 것입니다.

경험이나 접촉을 통해 지식과 정보를 얻던 음성언어 중심 사
회에서, 객관적이고 물체화되고 문자화된 인쇄지식 체제로 전환

된 이후, 여러 번에 걸쳐 매체의 변화가 있었지만, 지식과 정보의 생산-유통-저장-재생산 시스템은 동일성을 유지해 왔습니다. 그러나 디지털 네트워크 지식 체제로의 전환은 가장 크고 강력한 지식정보 체계의 변화라고 할 수 있습니다. 지식의 생산-재생산 매커니즘을 통합해 버렸을 뿐만 아니라, 지식인과 비지식인의 구분, 지식 전달자와 학습자의 구분, 교사와 학생의 구분 등등을 없애고 있습니다. 기존 인쇄지식에 익숙한 세대에게는 새로운 지식정보 체계가 매우 당혹스럽고 이질적인 것으로 느껴질 수 있으며, 암암리에 거부감을 지니게 되는 것도 자연스럽다고 할 수 있습니다.

···· 패러다임 전환의 어려움

토마스 쿤은 자신의 저서 《과학혁명의 구조》에서 패러다임의 전환은 매우 어려운 일이라는 점을 누차 강조하고 있습니다. 한 예로 코페르니쿠스적 전환이라고 일컫는 지동설의 등장 이후, 지동설이 정설로 인정받는 과정을 설명한 적이 있습니다. 그는 천동설을 주장하던 학자들이 지동설의 타당성과 과학성을 인정해 지지하게 되었던 것이 아니라, 오히려 천동설을 주장하는 학자들이 서서히 사라져 갔기에 코페르니쿠스의 이론이 정설로 자리 잡은 것이라 했습니다. "시간이 지나면서 지동설의 과학성과 설명력을 받아들인 신진학자들이 다수가 되면서 서서히 지동설이 정설로 인정받게 되었다"라고 설파했습니다.

이처럼 새로운 패러다임으로의 전환은 시간이 오래 소요되는 일이며, 많은 사람들의 의식이 변화되어야 가능합니다. 동일한 변화가 학교와 교육 분야에서 지금 일어나고 있습니다. 미래학교가 요구하는 변화는 전근대학교에서 근대학교로 전환되던 시기에 경험했던 변화보다 훨씬 더 크고 넓고 깊습니다.

우리나라에서 학교 형태의 변화가 크게 일어난 시기는 개항을 전후한 1900년경이었습니다. 그 이전의 조선 학교는 서당이나 서원이었고, 주요 교육과정은 성리학 사상이었습니다. 교재는 주로 주요 유교 경전을 성리학적 세계관에 입각해서 설명하는 책들이었습니다. 1900년 전후에 전근대학교에서 근대학교로의 전환은 의외로 빠르게 진행되었습니다. 그 이유는 개항 시기에 국가적, 민족적 위기의식과 근대 과학기술의 절대적 우위를 경험한 사람들이 적극적으로 노력했기 때문입니다. 이보다 더 큰 요인은 전근대학교와 근대학교가 모두 종이 매체 중심이었기 때문입니다. 중요한 지식의 저장-소환 활동 중심으로 진행되는 교육 활동 등의 동일성으로 인해 근대학교로의 전환이 부드럽게 진행된 측면이 있었습니다.

일제강점기 초기까지는 근대식 학교보다 서당이 많았습니다.

형식상의 차이에도 불구하고 대부분의 서당에서 가르치는 교육내용은 근대식 학교의 교육내용, 즉 근대적 과학 지식과 근대 기술문명, 외국어 등에 관한 내용으로 채워졌습니다. 이후 근대학교의 양적인 성장은 일제강점기 기간에도 1면 1학교 운동, 민립대학 건립운동 등과 같이 일반 민중들에 의해 자발적으로 전개되었습니다. 해방 이후, 근대적 산업화와 결합된 한국 근대학교는 세계 역사상 전무후무할 정도로 급속히 팽창했고, 근대학교의 교육적 성과는 효율성으로 나타났습니다.

•••• 근대학교와 미래학교 사이에는
범주적 단절이 필요하다

현재 디지털 네트워크 지식 시대에 직면한 학교의 변화는 근대학교 도입기에 경험한 변화와는 질적으로 다릅니다. 디지털 네트워크 지식의 생산-재생산, 학습-교육은 인쇄 지식과는 다른 양상으로 이루어져야 하는데, 근대학교 체제는 이러한 전환을 이룰 수 없는 상태입니다. 가장 큰 어려움은 교육에서 학습 중심으로, 교사에서 학생 중심으로, 지식정보에서 활동 및 실천 중심으로 교육운영과 학교 시스템을 전면 개편해야 한다는 점입니다. 범주적 단절, 즉 완전히 새로운 형식과 내용이 요구되고 있습니다.

근대학교의 교사는 체계적으로 정리되어 있는 교육과정을 기반으로 지식과 정보를 학생들에게 전달하는 교육의 주체였습니다. 그러나 미래학교는 근대학교의 주요 역할인 지식정보의 전달을 부차적인 역할로 규정합니다. 학생이 주도적으로 지식정보를 활용하고 재생산하는 과정이 중심이 되어야 한다고 요청하고 있습니다. 이제는 학생, 즉 학습자 중심의 학교운영체제가 설계되고 구축되어야 할 시점입니다.

디지털 네트워크에 기초한 미래학교에서는 교사가 가진 지식정보의 우위가 보장되지 않습니다. 세계적인 경영 컨실턴트 돈 탭스콧이 밀레니얼 세대의 특성을 분석한《디지털 네이티브》에서 설파한 것처럼 학생이 디지털 네트워크 및 스마트 기기 활용에 교사보다 더 능숙하기 때문에, 청소년 세대가 교사 세대보다 지식과 정보의 검색과 활용에서 더 뛰어납니다.

근대학교는 교사의 우월적 지위와 역할에 기반해 운영되었지만, 미래학교는 무한한 지식과 정보를 빠르고 정확하게 검색하고 이를 활용할 줄 아는 학습자 중심으로 운영될 것입니다. 교육 중심의 교사우위 운영체제가 학습 중심의 학습자 중심 운영체제로 전환되는 과정은 완전히 다른 범주에 속하는 학교를 요청한다는 점에서 범주적 단절이 요청될 수밖에 없습니다.

전근대학교와 근대학교는 직업적 노동을 준비하는 과정으로 구성된 기관이었습니다. 산업사회의 학교는 산업현장에서 정확한 시간관념을 지니고, 지시와 명령에 따라 정확하게 실행하는 노동자를 훈련시키는 기관으로 설계되고 운영되었습니다. 그래서 학생은 준비되지 않은 노동자나 미성숙한 성인으로 취급되었습니다. 그러나 디지털 네트워크 지식 시대의 학교는 지식정보와 기술을 익히고 나중에 발휘하는 과정으로 운영될 필요가 없습니다. 학습자는 바로 지식정보를 검색하고 적용하면서 해당 지식정보의 유용성과 효과성을 검증하고, 재생산하는 과정을 수행하는 주체로 행동합니다. 즉, 배워서 일하는 것이 아니라, 활용하고 적용하면서 배우는 시대가 되었습니다. 이 때문에 미래학교는 활용과 실천의 플랫폼이 되어야 합니다.

•••• 미래학교는 '더 나은 세상을 위한 프로젝트' 플랫폼

미래의 학교, 즉 포노사피엔스의 학교는 사실 학교가 아닙니다. 인쇄지식 시대의 학교와는 전혀 다른 지식정보의 생산-재생산 시스템하에서 작동하는 곳이기 때문입니다. 그동안 우리가 운영하고 있던 근대학교와는 다른 학교라고 할 수 있습니다. 미래학교는 교사와 학생의 역할이 반전된 공간, 학교의 중심점이 지식에서 학생의 욕망과 관심으로 전환된 관점, 교과목을 따라 구성되는 수업보다 학생의 활동을 중심이 되는 시간을 요구하고 있습니다.

새로운 것은 언제나 연약하고 어설퍼 보입니다. 그러나 새싹이 추위를 이기고 성장해 아름드리나무가 되고 숲이 되듯, 우리도 지금은 작지만 미래학교를 먼저 열어가고 있습니다. 일찍이 많은 대안학교들이 근대학교를 벗어나려는 탈근대학교 운동을 했지만, 물리적, 기술적, 시대적 한계로 그 수가 소수에 머물렀습니다. 또한 근대사회를 넘어서는 기술적, 문화적 변화를 수용하는 데 소극적인 한계를 드러냈습니다.

최근 기술적·문화적 장점을 적극 활용하는 대안학교들이 생겨나고 있습니다. 국외에서는 '미네르바 스쿨'이 대표적이고, 국내에서는 '거꾸로 캠퍼스'가 있습니다. 이들은 디지털 네트워크 지식 시대의 새로운 학습 플랫폼으로서 미래학교의 한 전형을 보여주었습니다. 마크 프렌스키Marc Prensky는 이제 모든 학교교육은 '더 나은 세상을 위한 프로젝트(Education to Better Their World)'로 구성되어야 하며, 모든 진학과 취업은 개개인의 프로젝트 포트폴리오에 기반하여 수행되어야 한다고 주장했습니다.

현재 한국의 학교는 근대학교의 형태와 시스템을 지니고 있지만, 실제 운영은 전근대적으로 해왔습니다. 성리학 대신에 국가교육과 정을, 사서삼경 대신에 국·검정 교과서를, 과거제 대신에 수능시험 과 고시제도를 대신 운영하고 있었을 뿐입니다. 지식이 결국은 개 개인의 머리에 저장되어야 한다는 신념에 기초하고 있는 학교체제 라는 측면에서 볼 때, 한국의 근대학교는 전근대적입니다.

이제 지식과 정보는 클라우드와 네트워크에서 생산-저장-유 통-재생산이 동시에 일어납니다. 유무선 인터넷을 통해 스마트 기 기를 거쳐 개개인에게 스트리밍 되는 서비스로 전환되었습니다. 지 금의 한국 교육은 전근대적 교육체제에서 근대적 운영체제를 뛰어 넘어 미래학교 체제로의 도약이라는 도전에 직면해 있다고 생각합 니다. 따라서 전근대적 학교를 탈피하려는 근대적 교육운동은 모 두 헛된 노력에 불과합니다.

아프리카의 많은 나라들이 유선통신망을 건너뛰고 바로 무 선 모바일 통신체제로 직진하듯이, 중국이 신용카드 체제를 건너 뛰고 바로 모바일 결제시스템으로 진입했듯이, 이제 우리 교육도 근대적 교육이념을 구현하려는 차원을 뛰어넘어 곧바로 디지털 네 트워크 지식 시대에 적합한 미래학교로 도약해야 합니다. 근대적 학교와 교육이념에 머문 그 어떤 시도도 흐릿하고 모호하며 계속 헛바퀴만 도는 느낌을 떨칠 수 없을 것입니다. 근대학교와의 범주적 단절이 필요하고, 전근대적 방식에서 디지털 네트워크 방식으로의 퀀텀 점프(Quantum Jump: 양자 도약)가 한국 교육에 절실한 상황입니다.

CHAPTER

03

욕망의 시대: 부모의 지혜

모든 생명은 욕망에 기반한다. 욕망이 없으면 학습도 없다.
모든 개인이 욕망으로 대표되는 시대,
지혜로운 부모가 자녀와 스스로를 행복하게 할 것이다.

1

모두 다 욕망하게 하라

조선 말기 유랑 시인으로 유명한 김삿갓은 신분과 가문 구성원이 저지른 행위에 의해 개인이 평가되는 시대에 살았습니다. 그는 자신의 할아버지를 비판하는 글을 과거시험 답안으로 써낸 일을 괴로워하며 출세를 포기하고 평생을 유랑 시인으로 살았습니다. 김삿갓의 행적은 지금의 상식으로는 이해하기 어려우나, 그 시대 사람들에게는 어쩌면 당연한 일이었을지 모릅니다. 전근대사회에서는 한 개인이 자신의 신분과 가문에 의해 판단되고 평가받았기 때문입니다.

　신분제 사회에서는 개인이 개인 자체로 존재하기가 어려웠습니다. 신분과 자신이 속한 가문에 따라 '할 수 있는 일'과 '해서는 안 되는 일'이 결정되었습니다. 그렇기에 전근대사회는 '신분의 시대'라고 불립니다. 과학적 근거나 합리적 이유에 근거하지 않는 신분의 시대에는 신화나 전설, 왕의 권위나 폭력을 다루는 힘의 크기에 따라, 혹은 종교적 미몽을 덧씌워 사람을 압박하고 통제하고 강제하였습니다. 이러한 일이 가능했던 이유는 사람들이 과학적 근거와 합리적 이유를 따지고, 확인하고, 판단하고 논박할 수 있는 지식과 정보가 매우 제한적인 '필사지식' 사회였기 때문입니다.

　이후 과학혁명과 산업혁명, 시민혁명으로 근대사회가 열리면서 무수히 많은 지식과 정보가 유통되었습니다. 이러한 무한정에 가까운 지식과 정보의 양은 더 이상 개인이 신분에 종속되지 않을 수 있는 기반을 제공했습니다. 그래서 근대산업사회의 개인은 자신의 역량과 성과를 중심으로 사회경제적, 문화적 지위를 누릴 수 있게 되었습니다. 특히 개인이 자신의 전문적 능력이나 기술로 평가받고 인정받게 되면서, 사람들에게 어떤 직업에 종사하고 그 분야에서 어떤 지위에 있는지가 매우 중요한 시대가 되었습니다. 바야흐로 '직업의 시대'가 열린 것입니다. 우리가 흔히 "직업에는 귀천이 없다"고 말하는 것은 다분히 근대적 사고가 반영된 것입니다.

근대산업사회는 자신이 하는 일, 직업에 따라 자신의 신분이나 가문의 지위가 평가받는 시대였기 때문입니다.

현대사회는 이와는 또 다릅니다. 누구나 언제나 어디서나 지식과 정보를 스트리밍 받아 바로 활용할 수 있고, 필요한 모든 기술적·산업적 지원을 확보할 수 있는 시대입니다. 이제는 신분도, 직업도 중요하지 않습니다. 오히려 4차 산업혁명시대에는 '욕망'이 가장 중요한 요소가 되었습니다. 이제 욕망하는 사람이 필요한 모든 것들, 지식과 정보뿐만 아니라 실제 제작을 위해 필요한 자원과 물품까지 손쉽게 확보할 수 있는 사회경제적 플랫폼이 갖춰진 사회가 되었습니다.

이제는 '제대로 욕망할 줄 아는 사람'이 세상을 이끌어가는 시대가 도래했습니다. 제대로 욕망할 줄 아는 사람은 타인의 욕망, 표준화 또는 획일화된 욕망을 따라가지 않습니다. 오히려 삶의 모든 영역에서 인간의 삶을 풍요롭게, 즐겁게, 행복하게 만들 수 있는 욕망들을 찾아내고 그 욕망을 욕망할 수 있는 존재입니다. 이들이 살아가는 현대 사회를 '욕망의 시대'라고 말할 수 있습니다. 인간 삶의 도처에서, 사회의 구석구석에서 욕망의 기미를 찾아내고, 싹트는 욕망의 틈새를 찾아낼 줄 아는 사람들, 그것 자체를 욕망할 줄 아는 사람들, 그 욕망 속에서 삶의 새로운 양상을 그려낼 줄 아는 사람들이 세상을 새롭게 만들어내는 세상이 되었습니다. 현대사회에서 '제대로 욕망'할 줄 알며, 삶의 현장에서 이러한 욕망들을 실현시키는 사람들을 우리는 '창업가'라고 부릅니다.

우리의 생활, 교육, 산업을 막론한 모든 영역에서 '욕망하기'는 매우 중요한 요소인 동시에 과업이 되었습니다. 그동안의 교육은 욕망을 통제하고 길들이며 억압하는 역할을 핵심 과업으로 삼았지만, 미래의 교육은 학생 스스로 '욕망하기'를 수행할 수 있도록 허용하고, 이를 실현할 수 있도록 안내하고 지도하며 지원하는 역할을 수행해야 합니다. 타인의 욕망을 따라하거나 자본의 욕망을 욕망하기보다는 스스로 삶의 활력과 자존을 위해 욕망할 줄 아는 사람만이 행복한 민주사회의 시민으로 성장할 수 있습니다. 때문에 자녀들이 자신의 삶을 스스로 제대로 욕망할 수 있도록 부모들의 역할도 변해야 할 때입니다.

···· 모든 욕망은 존중받아야 한다

원론적이라고 생각하시겠지만, 저는 타인의 욕망 추구를 부당하게 방해하지 않는 한 모든 욕망은 존중받아야 한다고 생각합니다. 또한 이 원론은 아주 철저하게 지켜져야 합니다. 욕망을 존중하는 태도를 배우는 과정은 일방적인 가르침과 훈육으로는 불가능합니다. 이는 욕망을 지닌 개인 간의 부단한 상호작용 과정 속에서 습득됩니다. 따라서 학교에서 학생들이 스스로의 욕망에 정직하고, 타인의 욕망을 배려하며, 상호적으로 충돌하는 욕망 사이에서 균형을 맞추는 역량을 자연스럽게 배우는 과정을 제공해야 한다고 생각합니다.

이 과정은 학생과 교사 사이에서도 이루어져야 합니다. 예를 들어, 최근까지 학교에서 염색과 파마를 금지하는 경우가 많았는데, 그 이유가 "면학 분위기를 흐린다"는 것이었습니다. 부모든 교사든 아니면 사회의 일정 집단이든, 이 정도의 개인적인 욕망 추구조차 금지했던 것은 타인에 대한 폭력이자 억압이라고 생각합니다. 학교에서 이루어지는 많은 단속과 벌점제가 학교의 독단과 교사의 편의만을 위한 것이 아닌지, 부모의 과도한 자녀 통제 심리로 인한 것은 아닌지 생각해보아야 합니다. 우리 사회의 성찰과 반성이 필요한 지점입니다.

심지어 학생들 스스로 자신들을 억압하는 두발 규제와 교복 착용을 강제하려는 경향도 보이는데, 이는 '길들여진 노예근성'과 다르지 않다고 생각합니다. 마치 노비해방을 맞이한 천민들이 주인에게 매달려 "제발 저를 내쫓지 말아 달라"고 했던 일화가 떠오르는 장면이어서 한탄하지 않을 수 없습니다. 욕망 추구를 금지하는 가치판단의 기준은 타인의 안전과 자유에 위해를 가하는지에 따라 평가되어야 합니다.

나아가 이러한 가치판단은 당사자인 학생들의 이해를 기반으로 이루어져야 합니다. 단지 어른들이 "내가 살아봐서 아는데, 너희들은 따라 와!"라는 태도 혹은 "민주주의는 다수결이고, 다수결의 결과이니 받아들이라"는 식으로 강제한다면, 그 어떤 이유로도 정당화될 수 없습니다. 이러한 과정은 진정한 민주주의의 형성과 깊은 관련이 있습니다. 민주시민은 민주시민교육을 통해서 길러지는 것이 아니라, 일상 속에서 민주시민으로 대접받고, 행동하고, 실천하는 과정을 통해 길러집니다.

항상 당당하게 자기주장을 하는 제 아이들은 제 자신을 되돌아보게 하는 존재들입니다. 겨우 발을 떼고, '엄마, 아빠'를 웅얼거릴 때부터 도무지 주변의 말이라고는 듣지 않는, 고집 세고 말 안 듣는 골칫거리이기도 했습니다. 시장에서 거리에서 슈퍼에서 옷가게에서 여행지에서 온갖 것들에 고집을 부리고 떼를 써서 번번이 저를 짜증나게 만들었습니다. 그러던 어느 날 문득 저는 깨달았습니다. "아이들이 나를 바로 세우는 거울이구나. 아이들이 고집을 부리고 떼를 쓰는 것이 아니라, 내가 아이들을 윽박지르고, 내 맘대로 끌고 가려고 강박하는 아빠구나." 그때가 30대 후반이었으니, 늦은 깨달음이라고 할 수도 있겠습니다. 하지만 그때 깨달음을 얻지 못했다면, 어쩌면 저는 아이들을 잃었을지도 모른다는 생각을 가끔 합니다.

둘째 아이가 학교를 그만두고 집에서 쉬면서 자신이 해보고 싶은 것들을 시도하고 다니던 시기에, 저는 어느 날 아이에게 미안하다고 말했습니다.

"그때는 아빠가 왜 그랬는지 잘 모르겠는데, 너 어릴 때 네가 하고 싶은 것을 붙잡고 떼쓰면, 나무라고 억지로 말리고 그랬어. 어느 날은 네가 너무 말을 안 듣는다고 가던 차를 세우고 너를 길가에 내려놓고 그냥 가겠다고 겁을 주고, 괴롭힌 적도 있었어. 기억나? 아마 아빠가 사무실에서 스트레스를 엄청 받고 있던 때라 너에게 화를 낸 것 같아. 아빠가 많이 미안해. 이제는 너 하고 싶은 거맘껏 하고 지내. 다른 사람을 괴롭히고 해치는 것, 네 몸에 상처 내는 것만 아니면 무얼 해도 좋아."

가만히 듣고 있던 아이는 그런 일은 기억이 나지 않는다고 하더니, 눈물을 글썽거리며 걱정거리가 있다며 대화를 시작했습니다.

"나는 빵 만들고 요가하고 체조하고 요리하는 것들이 재미있는데, 그런 일을 하면 돈을 못 벌 수도 있잖아? 그리고 만약 내가 다시 학교로 돌아가지 않으면, 나는 겨우 초등학교 졸업인 학력으로 살아가는 건데, 그래도 될까?"

"네 말이 맞아. 하지만 아빠는 그래도 된다고 생각해. 네가 하고 싶으면, 해야지! 그런 상황인 만큼 네가 특별한 노력을 해야겠지.

돈을 많이 벌지 못하는 건 문제가 아니지만, 네가 돈이 없는 걸 부끄러워하고 그것 때문에 스트레스를 받으면 행복하지 않겠지? 그렇다면 돈을 적게 벌어도 당당하고 즐겁게 사는 법을 배워야겠지.

예를 들어, 큰 기업 다니는 사람이 한 달에 600만 원 벌고 500만 원 쓰면서 아침부터 저녁까지 정신없이 일하고 술이나 커피나 드링크제 같은 각성제로 사는 경우와 네가 작은 빵집하면서 한 달에 300만 원 벌고 200만 원 쓰면서 검소하게 살고, 날마다 빵을 만들면서 기분이 좋고, 손님들이 즐거워하면서 가게에 오가는 모습을 보면서 산다면, 누가 더 행복할까?

초등학교 학력이라는 건 그렇게 중요한 건 아니라고 생각해. 대학교 나와도 남들에게 무례하고, 남들 속이고 해치면서 돈을 버는 사람이 있고, 초등학교도 졸업하지 못해도 착하게 주변 사람들 배려하고 존중하면서 함께 잘사는 사람이 있을 수 있지. 학교가 아니라도 네가 아이패드나 책이나 다양한 방식으로 스스로 배울 수 있잖아. 그러니 꼭 학교를 오래 다녀야 행복하거나 좋은 사람이 되는 건 아니야. 하지만 학교나 학원을 다니지 않고 스스로 필요한 것을 배운다는 건 매우 어려운 일이야. 그렇지만 네가 빵이나 요리에 관심이 많고, 그 일을 좋아하니까, 네가 아빠보다 빵 만드는 일과 요리하는 일은 더 잘 알고 잘 만들 수 있게 되잖아! 그것처럼 자신이 좋아하는 일은 쉽게 배워지는 거니까 너무 걱정하지 마."

그날 밤, 둘째는 기분이 조금 가벼워져서 이런 저런 말을 하다가 제 옆에서 잠이 들었습니다. 아마 많은 부모가 '아이가 하고 싶은 일을 하면서 행복하게 살았으면 좋겠다'는 생각과 '공부를 잘해서 좋은 대학을 나와 번듯한 직장에 다니면서 남부럽지 않게 살았으면 좋겠다'는 생각 사이에서 항상 고민할 겁니다. 저는 이 문제에 대해 항상 말합니다. "아이의 욕망을 존중해주세요. 나아가 아이가 욕망하도록 하세요"라고요.

세상에 하찮은 욕망은 없습니다. 모든 욕망은 삶을 밀고 나가는 강력한 추진력입니다. 욕망이 없으면 삶이 없습니다. 다만 사람들이 욕망에 등급을 매기고 딱지를 붙이려 할 뿐입니다. 타인의 눈에는 아무리 하찮게 느껴지는 욕망일지라도 당사자에게는 자신의 삶이 걸려 있는 문제입니다. 불교에서는 마음이 없으면, 세상이 없다고 말합니다. 성리학에서도 "무성(無誠)이면, 무물(無物) 즉, 정성이 없으면 세상에 온갖 일들이 존재하지 않는다"고 합니다. 여기서 정성의 핵심이 저는 욕망이라고 생각합니다. 서양철학에서도 마찬가지입니다. 더 밀고 나가면, 욕망이 생명을 창조했고, 욕망이 진화를 거듭하게 하였으며, 욕망이 세상을 창조했다고 얘기할 만큼 욕망은 중요합니다.

최근에 오케스트라 연주회에 가서 특이한 경험을 했습니다. 하모
니카 연주자가 독주로 나와 오케스트라와 협연하는 광경이었습니
다. 클래식 음악을 한다는 학생이 하모니카에 열중했을 때 부모님
은 놀라고 당황했을 것입니다. 아마도 아이를 말리려고 했을 것 같
습니다. 그러나 하모니카 연주자는 당일 다른 모든 악기를 리드하
면서 오케스트라와 성공적으로 협연을 마쳤습니다. 연주회가 끝나
고 동행한 이에게 어떤 연주가 가장 마음에 들었냐고 물었더니, 하
모니카와 협연이라고 했습니다. 저도 같은 생각이었습니다. 한국 어
느 대학에도 하모니카를 전공하는 곳은 없지만, 하모니카 연주자의
부모는 자녀의 하모니카에 대한 집착을 하찮게 보거나 말리지 않
았습니다. 만약 그랬다면 지금의 그는 없었을 겁니다.

　부모들은 일상 속에서 보이는 아이들의 욕망을 하찮게 여길
수 있습니다. 만약 아이들이 게임에 빠지는 것을 봤을 때, 하찮은
일에 빠진다는 생각이 들 수도 있지만 아이들도 생각할 줄 아는 존
재라는 걸 기억해야 합니다. 저는 왜 어른들이 아이들을 말려야 하
는지 잘 모르겠습니다. 아이들이 그렇게 열중하다가 언젠가 돌아오
는 날이 있습니다. 가끔 계속 열중하는 아이가 있는데, 이런 아이들
은 오히려 그 분야에서 성공하는 아이가 될 수 있습니다. 당당하고

멋지게 오케스트라를 이끌어가던 하모니카 연주자처럼 말입니다. 프로게이머 또는 게임 개발자가 되거나, 게임 스토리를 만들거나, 혹은 관련된 사업에 종사하는 길을 갈 수도 있습니다.

비슷한 경우로 부모들에게 스마트 기기 이야기를 하면 아이들의 중독을 걱정합니다. 그러나 중독에는 두 가지 종류가 있다는 걸 알아야 합니다. 하나는 병적인 중독이고, 하나는 반항적인 중독입니다. 병적인 중독은 정도에 맞게 상담치료나 약물치료와 같은 치료가 필요합니다. 이 경우는 우리가 심각하게 인식하고 신중하게 처리해야 합니다.

대부분의 부모들이 아이에게 병이 생기면, 일단 병원에 데려가고 아이가 쉴 수 있도록 배려합니다. 아이가 감기에 걸리거나 배탈이 났을 때 혼내거나 강압적으로 통제하는 부모는 없을 겁니다. 그런데 스마트폰 중독이나 게임 중독의 경우에는 아이들을 혼내거나 억압을 통해 해결하려고 합니다. 이상하지 않나요? 병적인 중독의 경우 부모들은 아이들의 상태를 정확하게 파악하고 적절한 치료를 해야 합니다.

반면에 반항적 중독은 전혀 다른 문제입니다. 이는 금지에서 오는 것입니다. 사람은 충분히 즐기고 싶은 걸 금지당하면 더 집착하게 됩니다. 그러니까 일종의 반작용, 즉 반항입니다. 반항에서 오는 중독은 그냥 허용을 해주면 해결이 됩니다. 반항할 대상을 없애는 것이지요. 오히려 아이들 스스로 통제할 기회를 주는 것입니다.

아이들이 초등학생이던 2012년에 아이패드가 나왔습니다. 저는 아이들에게 아이패드를 사줬습니다. 그때 아이들이 제게 물었습니다. "아빠는 이걸 왜 사줘? 다른 애들은 다 사달라고 졸라도 부모들이 안 사주는데?"라는 말에 저는 이렇게 대답했습니다. "아빠 생각에 스마트폰과 스마트패드는 앞으로 너희들이 살아가는 데 아주 유용한 도구로 활용될 것 같아. 아빠는 너희들이 스마트 기기에 빨리 익숙해져서 잘 활용하고, 스스로 사용을 통제하고 관리할 수 있어야 나중에 문제가 없을 것 같다는 생각에서 먼저 사 준 거야. 그리고 스마트 기기는 광대한 우주와 같은 디지털 네트워크 지식 세계를 누빌 수 있는 가장 좋은 기기니까, 너희들이 필요한 걸 여기서 찾아서 잘 활용하면 너희들의 학습과 생활에 많은 도움이 될 거야."

초기에 아이들은 스마트폰과 스마트패드를 가지고 많은 시간을 보내기도 하고, 스스로 관리하는 데 어려움을 겪기도 했습니다. 그러나 시간이 지나면서 스스로 관리할 수 있게 되었습니다. 결국 사용 시간 총량, 사용 장소나 시기 등을 스스로 관리할 수 있는 능력이 중요한 것입니다. 길어도 3~4년만 지나면 스스로 관리할 수 있고, 생활 속에서 적절하게 사용할 줄을 압니다. 기기가 주인이 되지 않고, 주인으로서 기기를 활용할 줄 알게 된 것입니다.

인간은 금지된 것에 중독되는 경향이 매우 강합니다. 한 사례로 유럽의 한 나라에서 약한 마약을 허용하는 이유는 약한 마약 종류를 금지하니 중독 현상이 증가하는 현상을 발견했기 때문이라고 합니다. 네덜란드, 덴마크 등의 나라에서는 아예 금지조항을 없애버렸더니 오히려 마약중독자가 줄었다고 합니다. 이와 비슷하게 스마트 기기를 강력하게 금지하면 아이들은 스마트 기기에 매몰되어 버릴 수 있습니다. 반항적으로 집착하게 되면 주객이 전도됩니다. 자신의 삶에 기기를 배치하는 게 아니고, 기기에게 자신의 삶을 배치합니다.

이렇게 보면 아이들이 해야 되는 일, 해도 되는 일, 하면 안되는 일, 하고 싶은 일 등을 스스로 잘 구분할 수 있게 하는 게 중요합니다. 꼭 해야 되는 일은 먼저 하고, 나머지 것들을 잘 관리하도록 하면 좋습니다. 아이들은 해야 되는 일을 빨리 끝내고 싶으니까 의외로 가장 효과적으로 그 일을 수행하는 법을 고민합니다. 해야 되는 일은 가장 효과적으로 빨리 끝내고, 하고 싶은 일을 충분히 즐기는 것이야말로 인생에서 제일 중요한 역량이 아닐까요?

많은 부모들이 사회 공동체나 국가가 개인의 욕망을 감시 또는 통제하거나 심지어 억압해야 한다고 주장합니다. 하지만 저는 오히려 "국가를 위해 존재하는 개인은 없다"고 주장합니다. 개인의 욕망을 하찮다고 평가하는 순간, 욕망의 주체인 개인을 하찮은 존재로 전락시킵니다. 세상에 하찮은 인간은 없습니다. 개인을 하찮다고 보는 순간, 개인을 공동체나 국가적 필요의 관점에서 보는 순간, 우리 사회는 히틀러와 같은 인종주의자, 차별주의자들이 만든 사회를 향해 한 발 내딛는 것과 같습니다.

우리는 어릴 적부터 개인은 국가와 사회를 위한 존재라고 교육을 받아왔습니다. 국민교육헌장 첫 문단에 "우리는 민족중흥의 역사적 사명을 띠고 이 땅에 태어났다"고 언급하고 있는 대목에서 유추할 수 있듯이, 개인은 국가와 민족을 위한 도구로 여겨지는 사회에서 성장했습니다. 미국 케네디 대통령이 취임사에서 "당신이 국가를 위해서 무엇을 할지를 고민해 보라"고 했던 말도 "당신의 욕망을 추구하지 말고, 국가와 사회가 요구하는 것들에 당신의 욕망을 종속시키라"는 명령이라고 생각합니다. 상당히 국가주의적이고 집단주의적인 사고입니다.

우리가 근대혁명을 통해 얻었던 것 중 가장 큰 성취는 개인의 탄생이라고 생각합니다. 그러나 아직도 개인을 자신들이 원하는 어떠한 것들을 위한 도구로 사용하고 싶은 사람들이 있는 것 같습니다. 그런 의미에서의 공동체라면 그것은 공동체라고 말하기 어렵습니다. 공동체 의식이라고 하는 건 개인이 자유롭고 독립적이고 주체적으로 사고하고 행동할 수 있을 때, 서로 배려하고 연대의식을 가질 때 이루어집니다. 개인을 도구로써 또는 대의와 명분을 실현시키기 위한 요소로 취급한다면 그것은 공동체가 아닙니다. 그런 의미에서 개인의 욕망 추구가 공동체 의식과 대립된다면, 문제가 무엇인지 객관적이고 냉철하게 살펴봐야 합니다.

우리는 그동안 "네가 문제다, 왜 개인적으로 행동하냐"며 일방적으로 개인이 비난받는 문화 속에서 살았습니다. 이제는 달라져야 합니다. "공동체가 부당하게 왜 나의 욕망을 억압하는가?"라고 주장할 수 있는 사회가 되어야 진정한 공동체라 생각합니다. 우리는 함께 새로운 공동체를 만들어갈 것이며, 그 공동체는 당연히 개개인의 욕망을 존중해야 할 것입니다.

② 욕망이 균형을 찾을 때까지

최근 '끈기'라는 뜻의 제목을 가진 《그릿Grit》이라는 책이 인기를 끌고 있습니다. 이는 많은 의미를 보여줍니다. 아이들은 발달 단계상 일정 시기에 꼭 해결해야 할 과제들이 있습니다. 많은 부모는 아이들이 그 시기를 놓치면 성장에 크게 방해를 받는다고 생각합니다. 때문에 아이들에게 욕망을 억압하라고 가르쳐야 한다고, 그래서 아이들이 끈기 있는 성격을 가지게 해야 한다고 말합니다.

저는 인간의 발달 단계상 꼭 해야 하는 일이 있다는 점에는 동의하지만, 그 범위를 더 좁게 보아야 한다고 생각합니다. 아이가 태어나 손발과 몸을 움직이고, 말할 줄 알고 듣고 이해할 수 있고, 기초적인 개념을 초보적인 수준에서 이해하고 활용할 수 있다면 충분하다고 생각합니다. 물론 이마저 발달의 속도나 범위, 심도 등에 있어서 많은 개인차가 있습니다. 이런 관점이라면 적어도 아이가 일반적인 초등학교를 다닌다면 발단 단계상 기초 사항은 이미 충족했다고 볼 수 있습니다.

물론 기본적인 발달과업을 성취하기 위한 끈기를 배우도록 일정 정도의 강제가 필요하다고 봅니다. 그러나 학부모들이 제게 아이가 학교를 안 가고 싶어 하는데 어떻게 하냐고 물으면 "아이들 학교 안 보내면 된다"고 말합니다. 아이가 초등학생이나 중학생이라면 아이들이 안전하게 지낼 수 있는 방안만 있다면 학교를 한두 해 쉬게 해도 좋다고 말합니다. 그리고 여유가 된다면 함께 여행을 가거나 아이가 하고 싶은 것을 찾게 하고, 그걸 해보는 시간을 가지게 해주는 게 좋다고 말합니다. 만약 아이가 고등학생이라면 한두 해 휴학하면서 자신이 하고 싶은 일에 집중할 수 있게 해주라고 권유합니다. 아래 두 사례를 한 번 살펴볼까요?

"제 아들이 너무 게임을 좋아해서 학교생활이 어려운 지경에 이르렀어요. 아들과 의논을 해서 결국 아들이 학교를 쉬고 게임을 하도록 해주었습니다. 저는 아마 아들이 1~2년은 게임을 할 것이라고 생각했습니다. 아들 방에 게임용 최신 컴퓨터와 화려한 모니터, 스피커, 게임용 자판과 마우스 등등을 모두 갖춰주었습니다. 처음에는 방에 틀어박혀서 정신없이 하더라고요. 가끔은 친구들이랑 PC방에 가서 놀고 왔습니다. 그런데 6개월 정도 되니까 시들해지더라고요. 그러더니 이제 게임은 별로 재미없어졌다고 하더군요. 그러더니 다시 학교로 돌아가야겠다고 했습니다. 오히려 약간 당황스러울 정도였어요. 그렇게 일찍 그만둘 줄은 몰랐거든요.”

“아이가 학교를 못 다니겠다고 선언을 하고 집에 틀어박혀 버렸습니다. 아이와 한참 이야기를 한 다음, 학교를 쉬고 집에 있기로 했습니다. 그런데 뜻밖에도 아이가 복싱을 하겠다면서 체육관에 나가기 시작했어요. 종일 체육관에서 복싱을 배우고 운동하면서 식스팩을 만들고 하더니, 1년이 다 되어 갈 무렵 학교로 돌아가야겠다고 하더라고요. 정말 언제 무슨 일이 있었냐는 듯이 다 털고 학교로 돌아가는 아이를 보면서, 한편으로는 어이가 없기도 하고 한편으로는 대견하기도 하고 묘했습니다.”

외국 학교에는 이미 비슷한 제도가 있습니다. 덴마크의 ‘애프터스콜레(after-schole: 학교 밖 꿈 학교)’나 아일랜드의 ‘전환학년제(transition year: 중학교 마치고 고입 이전에 한두 해 자신이 하고 싶은 체험을 제공하는 프로그램)’와 같은 프로그램들은 고등학생들이 휴학하고 자기 꿈을 시도해보도록 돕는 공교육 프로그램들입니다. 우리나라도 이런 프로그램들이 있으면 좋겠지만 지금은 없으니 부모들이 직접 만들어주는 방법밖에는 없습니다. 한국에서는 민간단체나 시민단체, 대안학교 중에 비슷한 프로그램을 제공하는 곳이 있는데 '꿈틀리 인생학교', 서울시교육청의 '오딧세이 학교', 교육실험실 21의 '거꾸로 캠퍼스' 등이 있습니다.

신기하게도 대부분의 아이들은 학교를 안 가면 금방 학교 다시 가고 싶어 합니다. 그때 다시 학교에 보내면 됩니다. 아이는 이렇게도 해보고 저렇게도 해보고, 또 엎거나 뒤집기도 하면서, 자신의 욕망을 추구하는 과정 속에서 스스로 욕망을 조절하는 법을 배워야 합니다. 그러나 대부분의 경우 외부적으로 부모나 교사나 성인들이 대신 조절해주려고 하거나 통제하려고 합니다. 아이들에게 참을성과 끈기를 길러준다고 했던 일들이 과연 옳은 일인지 돌아봐야 합니다.

어른들도 잘 생각해보면, 자신이 갈망하는 것 중에서 인생을 걸고 에너지와 시간을 쏟을 만한 일은 별로 없을 것입니다. 사실은 해보지 못했기 때문에 갈망하는 경우가 대부분입니다. 결국 금지되었기 때문에 더 갈망하게 된 것입니다. 저희 어머니 이야기를 하자면, 어머니는 할아버지의 반대로 학교공부를 못하셨습니다. 어머니는 나이가 드시고 운영하시던 가게를 다 정리하시고 나서, 한글을 60대에 처음 배우셨습니다.

그런데 어머니가 한글을 깨치고 난 뒤에도 공부를 하지 않으셔서 의아한 생각이 들었습니다. 어머니는 제가 어릴 때 "아버지가 학교를 안 보내줘서 그렇지, 학교만 보내줬으면 정말 밤을 새서라도 공부를 열심히 했을 것이다"라고 항상 말씀하셨거든요. "어머니, 서점이나 도서관에 가면 재미있는 책도 많은데, 한번 읽어보시지 그래요? 이제 한글도 배우셨잖아요?"라고 제가 여쭤보니, 어머니께서는 "그런 말 하지도 마라! 한글 깨치고 책을 좀 볼까 했는데, 책 보는 게 이렇게 어려운 건 줄 처음 알았다. 앉아서 책을 좀 보려고 하면, 어깨도 아프고, 자꾸 졸리고, 힘들어서 하기가 싫어진다. 니들 학교 다니면서 고생한 걸 이번에 알게 되었다"라고 하셨습니다.

결국 저희 어머니도 본인이 금지 당했던 공부에 대한 갈망이 무척 많았지만, 실제로 해보니 현실은 다르다는 걸 알게 된 겁니다. 그래서 아이들이 욕망하는 게 타인을 해치거나 반사회적인 행동이 아니라면 하게 허용해줘야 합니다.

비슷한 사례는 또 있습니다. 둘째 아이가 중학교 2학년이 되었을 때 학교를 그만두고 요리사가 되겠다고 했습니다. 그래서 요리학원에 보내주었더니 몇 개월을 다니다가 다시 복학했습니다. 스스로 생각해보니 중학교는 나와야겠다는 생각이 들었다고 했습니다. 이후에는 대학교를 2년까지 다니고 나서 다시 제빵·제과 일을 해야겠다고 휴학을 했습니다.

둘째의 마음속에 요리사의 꿈이 남아 있었던 것 같았습니다. 한 치의 망설임도 없이 그렇게 하라고 했습니다. 다니던 학교를 휴학하고, 제과 기능사 자격증을 두 달도 안 되어 취득했을 때는 깜짝 놀랐습니다. 이론과 실기를 채 두 달이 안 되어 모두 통과했는데, 보통 응시자의 3분의 1은 떨어진다고 합니다. 이론도, 실기도 3분의 1 이상 떨어진다는 이야기를 들었습니다. 그리고는 얼마 지나지 않아 빵집에 어엿이 사원으로 취직했습니다.

빵집에 취직한 후의 행보 또한 예상치 못했습니다. 빵집에 취직해서는 꼭두새벽에 일어나 저녁에 돌아오는 피곤한 일정인데도 묵묵히 6개월을 잘 다녔습니다. 처음 6개월 동안 취업한 곳은 전통적인 빵을 만드는 곳이었는데, 두 번째는 유기농 재료만 써서 고급 디저트를 만드는 유명한 카페로 직장을 옮겼습니다. 디저트 만드는 일을 해보고 싶다고 어렵게 취직을 했지요. 그런데 3개월이 지나자 디저트 카페를 그만두고 대학에 다시 복학하겠다는 것이었습니다.

"너, 중학교 때부터 해보고 싶어 한 것이고, 지금은 학교 그만두고 해보는 건데, 1년도 채 안 해봤잖아. 좀 더 해 봐."

"아니야. 열정이 식었어."

"뭐야? 무슨 열정이 이렇게 금방 식어. 1년도 안 가고."

"아니야. 베이커리, 카페에서 일해본 걸로 충분한 것 같아. 이제 다시 복학해서 대학 졸업할 거야!"

"너 전공 공부해서 그 분야로 취업할 것도 아니라고 했는데, 이왕 시작한 거 빵, 과자, 디저트 만드는 거 더 잘 배워서 작은 가게라도 네 카페를 가져볼 계획을 세우는 게 더 낫지 않아? 쓸 것도 아닌 졸업장은 왜 받으려고 하는 거야?"

"나도 계획이 있어. 먼저, 대학 졸업장은 있어야 돼. 카페 취직 공고에도 '대학 졸업자 우대'라고 쓰여 있잖아. 그리고 좀 더 놀아야겠어. 노는 데는 대학교가 최고인 거 같아. 그리고 카페를 할 계획을 좀 더 고민해서 만들어야 하니 시간이 필요해."

처음에는 어안이 벙벙했지만 곧 이해할 수 있는 상황이라는 생각이 들었습니다. 어쩌면 빵 만드는 일은 아이에게 일종의 금지된 욕망이라고 생각합니다. 학교를 다니고 대학입시를 준비하고, 대학에 적응한다고 미루어왔던 것입니다. 그런데 새벽에 나가서 질리도록 밀가루 반죽하고 빵, 과자, 디저트도 만들어보면서 어느 정도 갈망이 해소된 것입니다. 이후에도 둘째가 다시 그 길을 선택한다면, 그때는 아주 오래 걸어갈 것 같습니다.

부모 입장에서는 조바심도 나고, 한편으로는 미덥지 않는 것이 솔직한 심정입니다. "내가 해봐서 아는데"라는 말이 튀어나오려고 할 때도 많습니다. 그러나 인간은 체험을 통해 배우며, 또 새로운 계획을 세울 수 있습니다. 부모의 역할은 아이들이 체험하고, 실패하고, 다시 계획 세우기를 반복하는 동안 '지지받고 있다'는 정서적인 편안함 그리고 '누군가는 나를 응원한다'는 믿음을 가지고 세상에 나아가도록 돕는 일이라 생각합니다.

어쩌면 무언가에 '중독이 되었다'는 말은 곧 '금지가 되었다'는 말과 같아 보입니다. 금지가 풀리는 순간, 열에 아홉은 그 일을 그만둡니다. 그리고 그중 한두 명은 진짜 그 일이 좋은 것일 수 있습니다. 게임에 중독된 청소년의 열의 아홉 또한 금지되었기 때문에 그럴 수 있습니다. 그리고 그중에 한 둘은 정말 게임을 좋아하는 것입니다. 그런 애들은 평생 그쪽에서 일할 수 있도록 길을 이어나가면 되는 것입니다. 실제로 게임 산업에는 프로게이머뿐만 아니라 다양한 역할과 직업들이 있으니까요.

최근 한국의 문화상품이 전 세계적인 인기를 끌고 있지만 한국 게임 산업에 주목하는 부모는 별로 없는 것 같습니다. 유명한 K-pop 아이돌 그룹, 한국 드라마나 영화보다 게임 산업이 벌어들이는 수익이 훨씬 크다는 점을 부모들은 잘 모릅니다. 한국의 차세대 주력산업이며 전체 문화산업 시장의 절반을 차지하고 있는데도 말입니다. 결국은 부모들은 아이들이 각자의 욕망을 풀어나갈 수 있도록 도와주어야 합니다. 오히려 쉽게 해결이 날 수도 있는데, 부모가 무조건 금지만 하면 게임중독 문제는 풀리지 않고 더 꼬이기만 할 것입니다.

우리에게는 자신이 갖고 있는 욕망뿐만 아니라 주변의 압력으로 주입된 욕망이 있습니다. 대표적으로 돈과 권력에 대한 욕망이 있습니다. 사회나 혹은 권력자들(부모, 사회 지배층 등을 포함)은 끊임없이 돈과 권력을 추구하도록 우리를 세뇌하고 강제합니다. 부모들도 아이들이 하찮은 자신의 욕망-게임, 놀이, 영화, 음악, 그림, 시, 문학, 철학, 웹툰, 춤 등-을 포기하고, 돈과 권력을 향해 집중하고 경쟁력을 갖추도록 압박합니다. 한쪽을 금지하고 다른 쪽을 강박하는 것입니다. 부모의 강제가 통한 아이들은 돈과 권력을 향한 경쟁에 집중하지만, 그들이 성인이 되었을 때 스스로도 불행하고, 사회에도 큰 해악을 끼치게 되는 경우를 종종 보게 됩니다.

청소년기의 아이들이 하염없이 스마트폰을 보거나 밤새워 채팅하거나, 유튜브를 보면서 잠도 자지 않는 걸 보면 부모는 속이 터질 지경이 됩니다. 그 의미 없는 행동을 보면서 부모들은 스마트폰 사용에 무슨 바람직한 욕망이 있겠냐고 생각할 수 있습니다. 그런데 생각해보면 그 나이 때는 아무 의미 없는 얘기도 밤새 나눌 수 있습니다. 이건 스마트폰의 문제가 아니라 청소년기 아이들의 행동 양식의 특징입니다. 부모 세대가 살았던 스마트폰이 없던 시절을 돌이켜보면, 음악방송이나 만화, 무협지, 비디오 등이 동일한 역할을 했습니다.

부모들이나 교사들에게는 죄송한 이야기지만 사실 학교, 교사, 부모가 스마트폰과의 대결에서 지고 있는 상황입니다. 학교와 가정이 얼마나 재미가 없으면, 스마트폰에 지는 걸까요? 학교생활이 정말 재미있다면, 애들은 매일 아침에 재빨리 일어나 "학교 가야지"라고 할 겁니다. 결국은 학교가 재미없고 가기가 싫으니, 아침에 일어나기가 싫고, 저녁 늦게까지 스마트폰을 하다 마지못해 아침에 학교를 가는 게 현실인 것입니다.

제가 겪었던 놀라운 경험을 하나 소개하겠습니다. 첫째 아이기 초등학교 5학년, 둘째 아이가 3학년 때 대안학교로 옮겼을 때 이야기입니다. 첫째 아이는 경쟁적인 분위기와 학원 및 과외 생활 속에서 매우 불안해하는 상황이었고, 둘째 아이는 학교 가는 걸 매일 거부하는 상황이었습니다. 공립학교에 다닐 때는 저녁에 자지도 않고 늦게까지 TV, 비디오, 컴퓨터를 가지고 놀고, 아침마다 학교 안 가면 안 되냐고 떼를 썼습니다. 특히 둘째는 엄마가 밥을 억지로 입에 떠먹이고 강제로 가방을 어깨에 둘러메어 학교까지 손잡고 끌고 갔습니다. 매일 매일이 전쟁 같았습니다.

대안학교로 옮기고 나서 불과 일주일 만에 첫 번째 변화가 일어났습니다. "왜 밥 안 해? 엄마, 아빠, 빨리 일어나서 밥해야지. 나 학교 가야 하는데!" 아이들이 이미 학교 갈 준비 다 해놓고 새벽에 부모를 깨웠습니다. 정말 놀란 저는 '대안학교로 옮긴 보람이 있구나. 나머지는 필요 없다. 이것만으로도 충분하다'고 생각했습니다. 아이들은 아내와 제가 출근하기 전에 학교에 가고, 학교가 끝나면 친구들이랑 놀고, 해질녘이 되어서야 저녁을 먹으러 집에 왔습니다. 정말 기뻤습니다.

두 번째 변화는 "아빠가 내 일에 이래라 저래라 하지 마라"는 요청이었습니다. 아이들은 "내가 결정할 수 있으니까 시키지 마. 내가 알아서 해"라고 말했습니다. 그것 또한 마음에 들었습니다. 불과 한두 달 만에 아이들은 매우 독립적으로 변했습니다. 저는 그때 '인생에서 제일 중요한 게, 바로 저 독립성인데, 왜 우리나라 학교는 이걸 키워주지 못 할까?'라고 생각했습니다.

무엇이 저 아이들을 변하게 만들었을까 생각해보면, 대안학교 선생님은 아이들을 정말로 믿어주는 것 같습니다. 속아도 믿어주니 아이들이 천천히 그러나 분명히 변합니다. 당장 제 아이들도 믿어주는 분위기 속에서 적극적이고 독립적인 사람으로 변하고 있었습니다. 다른 학교에도 이러한 면들이 필요하다고 생각합니다. 속아도 믿어주는 것 말입니다. 그러면 아이들이 바뀝니다.

결국 학교는 학생들이 스스로를 마음껏 표현할 수 있는 안전한 공동체라고 인식할 수 있도록 환경을 만들어야 합니다. 아이들은 자신의 욕망에 충실하다 보면, 스스로 외재적 가치가 아닌 내재적인 가치를 알아가게 됩니다. 그 과정에서 조절 의지와 절제의 힘이 생기는 걸 많은 아이들에게서 봅니다. 자신을 믿어주고 안전하다고 느끼는 환경 속에서, 바람직한 욕망이 자랍니다. 아이들은 올바른 끈기란 어려운 여건에서도 끝까지 성취해나가는 것이라는 걸 알게 됩니다. 이런 끈기는 스스로 자신의 욕망을 정당한 방법으로 실현시켜 나가는 과정을 통해서 길러지는 특성이자 인성이기 때문입니다.

자녀들이 스스로 욕망하게 하는 일은 매우 중요합니다. 자신의 욕망이 분명하고 목표가 생기면, 여러 욕망들 중에서 선택하는 능력과 무엇에 집중할 것인지를 스스로 결정하는 능력도 길리집니다. 저는 공부와 담을 쌓을 것 같았던 둘째 아이가 중학교 2학년 때 한 해를 쉬고 나서 대학을 간다고 선언하고, 복학해 대학에 가는 과정과 그 이후를 옆에서 지켜봤습니다.

둘째 아이가 중학교 2학년 때 1년간 쉬고 복학했을 때, 저는 큰 걱정도 간섭도 하지 않았습니다. 큰 문제를 일으키지 않고 학교에 잘 다니는 것만으로도 충분하고, 학업은 기본적인 학교교육과정만 따라가면 된다고 생각했습니다. 그러나 아이에게는 학교교육과정을 제대로 따라가면서 자신이 목표한 대학과 전공에 부합하는 성적을 거두는 일이 쉽지 않았습니다. 스스로 자신의 상황을 깨닫고, 가능한 수준에 도달하기 위해 최대한 노력하는 모습이 안쓰

러워 보일 정도였습니다.

그 당시 둘째는 두 가지 문제와 씨름하고 있었습니다. 하나는 뒤처진 학교교육과정 수준을 따라가는 것, 다른 하나는 아이패드와 스마트폰의 유혹을 잘 통제하면서 학습에 집중하는 것이었습니다. 첫 번째 문제는 스스로 자초한 일이었기에 힘겨운 과정 중에서도 결코 부모를 원망하거나 탓하는 일은 없었습니다. 스스로 선택한 과정을 전적으로 존중받았기에 그 결과도 스스로 책임지는 모습을 보였습니다. 두 번째 문제는 일상적으로 부딪히기에 쉽게 다스려지지 않는 습관이 문제였습니다. 결국은 가벼워 보이지만 지속적으로 노출되는 유혹을 다루는 문제였습니다. 둘째 아이는 다양한 방법으로 스스로 해결해보려고 했지만, 대부분의 학생들처럼 어려워했습니다. 그러던 아이는 고등학교 2학년 초에 결단을 내렸습니다.

"아빠, 도저히 안 되겠어. 스마트폰과 아이패드를 어떻게 좀 잠글 수 있는 방법이 있어야겠어."

"왜? 공부할 때 한쪽에 넣어두고 하면 되잖아."

"아냐! 옆에 있으니까 자꾸 열어보게 되고 집중이 안 되는 것 같아."

"그럼, 아빠에게 맡겨두고 다닐래?"

"아냐, 그렇게 하면 또 심심해서 안 될 거 같아. 공부해야 하는 시간에만 스마트폰과 아이패드가 열리지 않게 하는 방법이면 될 거 같아."

"그래, 그런 방법이 있는지 아빠가 찾아볼게. 만약 시간대별로 잠글 수 있는 방법이 있으면 어떻게 설정할 건데?"

"응. 평일에는 밤 10시 이후부터 아침 8시까지 잠그고, 주말에는 다 열어놓을 거야."

아이를 위해서 저는 인터넷을 검색해 스마트 기기 통제 앱을 여럿 찾아냈습니다. 간단히 테스트를 해보고, 그중에서 제일 성능이 좋은 앱을 구입해 제 스마트폰 그리고 아이의 아이폰과 아이패드에 설치했습니다. 아이가 요구하면 묻지도 따지지도 않고 원하는 대로 사용시간 설정을 바꿔주었습니다. 효과가 있었습니다. 이 앱은 아이의 수능날 삭제했습니다. 여기서 중요한 것은 둘째 아이가 스스로 방법을 찾았다는 점과 제가 아이가 원하는 대로 그대로 따랐다는 점입니다. 이 과정을 통해 아이와 저는 서로에 대한 신뢰를 쌓았고, 서로 돕는 관계가 되었습니다.

이런 과정을 통해 아이들은 스스로 통제하고 조절하는 능력을 키워갑니다. 그러나 이 과정은 오랜 시간이 걸리고 많은 노력이 필요합니다. 부모 입장에서는 표면적으로 당장 통제하고 싶은 마음이 드는 것은 당연합니다. 표면에 나타나는 현상만 가지고 아이들과 다투면 다람쥐 쳇바퀴 도는 악순환 관계에 빠집니다. 이 방식은 근본적으로 문제를 해결할 수 없고, 교육적이지 않으며, 결국은 많은 부작용을 초래합니다. 결론적으로는 아이들이 스스로 '어떤 이유로 무엇을 해야 하는지' 생각해서 결정하는 과정을 제공해주는 것이 진정한 성장을 위한 교육입니다. 아이들이 자신의 욕망을 찾게 하고, 스스로 욕망하도록 하고, 그 속에서 자신의 욕망을 다듬어가는 과정이 행복한 사람으로 성장해가는 길입니다.

갈망과 중독 현상은 사실상 우리 모두가 경험합니다. 뭔가 하나에 꽂히면, 그것만 눈에 보입니다. 핸드백에 꽂히면 온통 핸드백만 보이다가, 신발에 꽂히면 온통 신발만 검색하지 않습니까? 그러다 문득 그 동안 벌인 일들이 유치하게 느껴지는 때가 있습니다. 노자의 "사흘 계속되는 소나기 없고, 온종일 불어대는 돌개바람도 없다"는 말은 자연이나 인간이나 항상 균형을 찾아가기 마련이라는 뜻입니다. 욕망도 마찬가지입니다. 객관적인 현실과 욕망이 끊임없이 충돌하면서 지속적으로 균형점을 찾아갑니다. 이 균형점을 찾아가는 과정, 그 자체가 가장 중요한 학습과정입니다. 부모가 이 과정 자체를 금지한다면, 이미 부모는 아이의 성장을 가로막는 것입니다.

노자는 또한 "무릇 모든 죽은 것은 딱딱하다. 딱딱한 것은 모두 죽은 것입니다"라고 말합니다. 부모가 팔을 걷어 부치고 고정적으로 잡아주는 그 균형점이야말로 이미 죽음을 의미합니다. 균형점을 잡아가는 아이의 생명력이 죽기 때문입니다. 요즘 아이들에게 좀비 영화가 인기 있는 이유가 자신들의 삶이 곧 좀비 같다고 여기기 때문인 것 같기도 합니다. 아이들이 흔들리면서도 스스로 삶의 균형점을 찾아 끊임없이 조정해가는 과정의 핵심은 '욕망하기'에서 시작합니다. 모든 부모가 소중히 여기고 보호해주어야 하는 지점입니다. 아이가 '제대로 욕망'하는 과정을 겪는 동안 부모의 엄청난 인내와 노력이 필요합니다.

···· 인생은 럭비공이다

강의 중에 한 어머니가 제게 물었습니다.

"아이가 종이접기를 좋아해서 종이접기 동영상만 오랫동안 보고 있어요! 말리기도 하고, 규칙을 정해서 시간을 관리해보기도 하지만 소용이 없네요. 애가 그런 종류의 동영상에 지나치게 집중하는 걸 어떻게 대처해야 할까요? 고등학교도 졸업하고 대학도 가야 하는데 말이죠."

많은 부모가 비슷한 딜레마에 빠져 있을 것 같습니다. 요즘 다들 "4차 산업혁명시대다, 인공지능시대다"라고 말하니까 그쪽으로 가야 할 것 같긴 한데, 현실적으로 아이 키우는 입장에서 아이들이 게임이나 동영상에 매달려 지내면, 한숨이 나오고 걱정이 앞서는 건 당연합니다.

이 시점에서 우리는 두 가지 측면을 생각해볼 수 있습니다. 하나는 인지적인 측면, 다른 하나는 정서적인 측면입니다. 인지적인 측면에서 보면, 종이 접기는 매우 유익한 활동입니다. 우선 손을 많이 움직인다는 점이 좋고, 굉장히 중요한 공간 감각 능력이 발달한다는 점이 좋습니다. 평면을 입체로 만들 줄 아는 능력을 필요로 하는데, 이런 능력이 뛰어나다면 인테리어 디자인이나 건축 설계 등의 분야에서 뛰어난 능력을 발휘할 수도 있을 것입니다.

평면이나 공간에서 물체를 알아보거나, 상관관계를 전환해 머릿속에 그려내는 능력은 저에게는 부족합니다. 하지만 첫째 아이는 저와는 비교가 되지 않을 정도로 공간 감각과 평면-입체 전환 능력이 탁월합니다. 평면을 보고 상상을 통해 입체로 만들어낼 줄 아는 능력을 지닌 것입니다. 어려서부터 만들기, 집짓기, 건물 살펴보기를 좋아했고, 건축가의 꿈을 일찍부터 가졌습니다. 아마도 아이가 가진 이런 능력이 영향을 미쳤을 것이라고 생각합니다. 아이가 평생 종이접기만 할 것처럼 걱정하지 않아도 됩니다. 이러한 과정 속에서 아이가 자신의 머릿속에 그리고 몸속에 경험들을 체화시키고, 관련 분야로 또는 그 분야로 체화된 것들이 번져나가 능력을 발휘할 것이기 때문입니다.

다른 하나는 정서적인 측면입니다. 아이가 게임만 하면서 모든 시간을 보낸다면, 게임에 중독되어서인지 아니면 다른 스트레스 때문인지를 알아보아야 합니다. 실제로 질병이 있을 가능성도 있습니다. 만약 심리적이거나 정신적인 질병이 있다면 의료적인 치료를 해야 되는 문제이지 아이를 나무랄 문제는 아닙니다. 그러기 위해서는 아이를 나무라지 말고, 그 마음을 먼저 어루만져주어야 합니다. 아이가 게임에 빠지는 그 마음을 이해해주거나 혹은 아이가 몰입하는 이유가 정말 게임에 소질이 있어서인지, 앞으로 그 분야로 가고 싶은 마음인건지 등 아이의 마음 상태를 먼저 확인해야 합니다. 부모가 아이의 마음을 정서적으로 안아주어야 아이들은 그 다음 단계로 나아갈 수 있기 때문입니다.

제 후배의 사례를 하나 들어보겠습니다. 제가 대학교 다니던 시절은 컴퓨터 게임이 무섭게 성장하던 시기였습니다. 문제는 제가 게임을 전혀 좋아하지도, 하지도 않았다는 점입니다. 심지어 게임은 나쁜 것이라고 믿었습니다. 그런데 대학 3학년 때 고등학교 후배가 저에게 "형, 이 게임이 새로 나왔는데, 너무 재미있어요. 한번 해보세요"라고 권했습니다. 그 후배에게 저는 "이 녀석아, 대학생이 되어서 게임이나 하면서, 소중한 시간을 게임 같은 것에 낭비해서 되겠냐. 이제부터라도 다양한 인문사회 서적을 읽어보고, 인생과 사회에 대해서 고민을 해봐라"라고 훈계를 했습니다.

만약 그 후배가 제 말을 잘 들었다면, 잘해야 공무원이나 회사원이 되어 있을 것입니다. 다행히 이 후배는 아주 똑똑해서 제 말을 전혀 듣지 않았습니다. 그 이후 후배는 더 이상 저를 찾아오지 않았지만, 계속 게임이 좋아서 게임 관련 대학원에 진학했고, 대학원 졸업 이후 친구들과 게임회사를 창업했습니다.

그리고 15년이 지난 어느 날, 후배는 저를 세종시로 찾아왔습니다.

"형, 얼굴 한번 뵈러 왔어요!"

"야! 정말 반갑다! 요즘 뭐하고 지내냐?"

"저는 대학원 졸업하고 게임회사를 창업해서 열심히 하고 있어요!"

"그렇구나! 요즘 창업하는 사람들 엄청 어렵다고 하던데, 고생이 많다!"

어렵게 회사를 운영한다고 생각한 저는 후배에게 밥 사 먹이고, 커피도 한 잔 사주면서 열심히 회사 잘 운영해보라고 격려했습니다. 몇 달 후, 그 후배 지분의 주식 가치가 수천 억 원이 된다는 신문 기사를 보았습니다.

인생이란 누구도 알 수 없고, 럭비공처럼 어디로 튈지 아무도 모르는 일입니다. 부모는 자녀가 게임에 몰입하면 그냥 안아주고 지지해주면서 아이들이 숨어서 죄책감을 가지고 게임을 하는 일만 막으면 됩니다. 그리고 정말 자녀가 너무 한쪽으로만 간다 싶으면, 항상 노자의 말씀을 기억하십시오. "3일 이상 오는 소나기는 없다!" 그리고, 만약 아이가 계속 간다고 말하면, 저의 자랑스러운 후배의 사례를 기억하시고 '이 분야에서 대성할 놈인가 보다'라고 생각하시길 바랍니다.

3

욕망이 없으면 학습도 없다

포노사피엔스 학교는 학생 개인을 중심에 두고 교육과정을 운영합니다. 현재 한국의 근대학교는 국가교육과정을 운영하고 있습니다. 법령에 따르면, 국가교육과정 총론, 초중고 교육과정 총론, 그리고 교과별 각론의 범위 안에서 시도 교육청 수준의 교육과정을 편성하고, 학교는 국가교육과정과 시도교육청 수준의 교육과정의 범위 안에서 자체 교육과정을 운영하도록 되어있습니다. 결국 현재 초중고에서 운영하는 교육과정은 학생 개개인의 욕망에 기반한 교육과정을 운영하기 어려운 구조입니다.

왜 근대학교, 한국의 학교는 표준화된 획일적 국가교육과정, 시도 교육청 교육과정, 학교교육과정을 운영하고 있는 걸까요? 현재의 교육과정 운영과 포노사피엔스들이 다니는 학교의 교육과정은 무엇이 다를까요? 학생 개개인에 맞춘 교육과정 운영은 필연적으로 개인별 격차를 불러오고, 나아가 국가적, 사회적 공유 자산을 파괴하는 결과를 가져오지 않을까요? 설령, 개인별 교육과정이 교육적으로 효과적이라고 할지라도, 실제 교사들이 학생 개개인에게 맞는 교육과정을 적절히 운영한다는 것이 가능할까요? 교사들의 능력이나 태도, 한국의 교직문화에서 가능한 일일까요?

여기서는 이상과 같은 문제에 대해 일반적인 논의를 전개한 다음, 현장에 계신 선생님들이 포노사피엔스 학교의 교육과정 운영과 관련해 제기한 질문들을 따라 새로운 학교의 교육과정 운영, 학교 수업 진행 모습을 그려보도록 하겠습니다. 우리 아이들에게 어떤 교육을 받도록 하길 원하는지 생각해볼 수 있는 기회가 되길 바랍니다.

《포노사피엔스 학교의 탄생》과 《교육을 교육답게, 우리교육 다시 세우기》에서 이미 제시한 바와 같이, 근대국민교육체제는 후발 산업국가들의 선진 산업국가 따라잡기 전략, 근대적인 중앙집권적 제국을 급속히 형성하기 위한 전략으로 채택된 교육 시스템입니다. 1800년대 초반 독일, 메이지 유신 이후 1870년대 일본, 1800년대 말 미국 등에서 설계, 도입, 실행된 제도입니다. 우리나라에는 일본 제국주의자들에 의해 식민지 통치수단의 하나로써 이식되었으며, 해방 이후 독재자들에 의해 빠른 산업화, 강력한 군대와 행정 인력 양성 목표를 달성하기 위한 수단으로 채택된 체제였습니다. 따라서 근대학교의 국가교육과정은 국가적, 사회적 차원에서 통일적이고 표준화된 내용을 중심으로 획일적으로 구성되고 집단적으로 운영되었습니다.

이와 같은 사회경제적, 정치군사적 차원뿐만 아니라, 교육적 차원에서도 국가 중심적이고 객관적이며 표준화된 교육과정을 운영할 수밖에 없는 기반이 존재했습니다. 즉, 근대사회의 지식체계는 도서관의 구조와 도서 분류체계에서 볼 수 있는 바와 같이 지식 분류체계와 핵심 개념을 중심으로 구성되었습니다.

근대학교는 근대적인 지식 구조, 분류체계, 유통체제를 모방하는 방식으로 지식을 전달하는 시스템을 구성하였는데, 지금 한국의 학교에서 운영하는 국가교육과정과 교과목 중심의 교육체제가 바로 근대적 지식 관념과 효율성 중심의 지식 구조화의 산물입니다. 전문가들에 의해 구성되고, 국가의 권위적 승인을 바탕으로, 모든 학교가 통일된 표준적인 방식으로 운영하는 체제가 국가교육과정입니다.

국가가 표준화된 지식구조를 제시하고, 교과목을 따라 학생들에게 학습하도록 강제하는 방식은 더 이상 유효하지도 않고 교육적이지도 않습니다. 디지털 네트워크 지식과 정보를 객관적이고 표준화된 구조와 분류체계를 따라서 학습하도록 한다면, 영원히 도달할 수 없는 목표를 향해 무한한 에너지를 소모하도록 강요하는 일이 될 것입니다. 예를 들어, 2015 개정교육과정 총론의 한 표현을 검토해보겠습니다.

"교과 역량은 교과가 기반한 학문의 지식 및 기능을 습득하고 활용함으로써 길러질 수 있다. 교과 역량 함양을 목표로 하는 수업은 학생들이 교과의 지식과 기능을 깊이 있게 탐구하고 경험할 수 있도록 학생 참여형으로 이루어져야 한다. 교사는 학생들이 교과의 핵심 개념 및 일반화된 지식을 심층적으로 이해하고 이를 중심으로 세부 학습 내용들을 서로 관련지어 이해할 수 있도록 가르쳐야 한다. 핵심 개념 및 일반화된 지식에 대한 학습자들의 심층적 이해는 단순한 지식의 전달이 아닌, 교과 고유의 사고 및 탐구기능을 통해 가르칠 때 가능한 것이다."

(2015 개정교육과정총론 해설, 고등학교; 교육부 고시 제2015-74호)

학교교육과정을 이와 같이 운영한다면 학생들은 수많은 교과가 기반한 학문 분야의 핵심 개념, 일반화된 지식과 기능 등을 익히기 위해 노력해야 합니다. 문제는 지식과 정보가 무한하게 팽창하는 디지털 네트워크 지식 시대에는 교과 분야도 무한히 확장될 것이며, 핵심 개념, 지식과 기능의 목록도 무한하게 늘어날 것이라는 점입니다.

포노사피엔스 시대는 근대 시대와는 다릅니다. 지식 스트리밍 시대의 디지털 네트워크 지식은 근대적 인쇄지식과는 완전히 다른 체제를 통해 지식이 생산, 저장, 유통, 재생산됩니다. 즉 객관적인 지식의 구조나 통일적이고 표준화된 지식 분류체계를 따르지 않으며, 모든 지식과 정보가 생산되는 즉시 무한 연계망을 통해 저장, 유통, 재생산되는 시대가 된 것입니다.

디지털 네트워크 지식은 지식과 정보를 요청하는 사람 중심으로 수시로 재구성되고 분류되는 과정을 무한히 반복합니다. 포노사피엔스는 객관적 지식의 시대를 벗어나 자신을 중심으로 움직이는 지식과 정보의 세계, 주관적 지식의 시대를 삽니다. 그렇다면 교육과정 또한 개인별, 학습자별 관심과 욕망을 중심으로 재구성되는 교육과정으로 당연히 전환되어야 합니다.

학습자가 자신의 관심과 욕망을 중심으로 시도하고 적용하고 실천하면서 삶 속에서의 학습을 실현할 수 있는 기반은 이미 풍부하게 갖춰졌습니다. 학습자 중심의 개개인화된 교육과정은 디지털 네트워크 지식 시대의 변화 속도를 앞서갈 수 있고, 창의적 역량을 길러낼 수 있다고 생각합니다. 창의성은 직접적 추구의 대상이라기보다는 다양한 실천과 지속적인 변화와 적응의 과정을 통해 얻어지는 산출물이기 때문입니다. 따라서 학습자 중심의 개개인화된 교육과정이 필요할 뿐만 아니라, 적극적으로 추구해야 하는 바람직한 교육의 목표이자 핵심적 과정입니다.

••• 기초학력 문제의 해법도 개개인의 욕망추구에서부터

학습자 중심의 교육과정에 대해서는 여러 우려들이 있습니다. 먼저 학생 개개인의 관심과 욕망에 맞춘 개개인화된 교육과정은 학생들 간 격차를 확대시킬 것이며, 특히 기초학력이 심각하게 저하되는 사례를 양산할 것이라는 우려가 있습니다. 기초학력을 갖추지 못한 학생들의 사례를 살펴보면 그 원인을 크게 두 가지로 나눌 수 있습니다. 하나는 학습동기 부족이며, 다른 하나는 가정의 사회경제적 환경입니다. 학생들에게 풍부한 학습 자원이 지원되지 못하여 학습역량을 적절하게 키울 수 없는 처지라는 뜻입니다. 물론 다양한 학습 장애를 가진 경우는 별개의 문제라고 생각해 논의에서 제외합니다.

학습동기 부족은 여러 원인이 있겠지만, 가장 큰 이유는 학생들의 흥미를 끌지 못하는 객관적이고 표준화된 국가 차원의 일방적 교육과정에 있다고 봅니다. 학생들은 자신이 원하지도 않고, 하기도 싫은 교육과정을 따라가는 상황에서 거식증이나 소화불량에 걸린 것과 같은 답답한 상태에 빠집니다. 이를 해결하는 가장 확실한 방법이 학생들의 관심과 욕망에 따라 개인별로 교육과정을 구성하고 운영해주는 일입니다. 학생들은 자신들이 바라는 바를 추구하는 과정 속에서 문해력, 의사소통력, 비판적 사고력, 창의력을 자연스럽게 습득하기 때문에 기초학력 문제나 학력 저하 문제는 생길 수 없습니다.

낮은 사회경제적 배경을 지닌 아이들의 기초학력 부족도 개개인화된 교육과정이라는 관점에서 접근해야 해결할 수 있습니다. 교사와 학부모가 학생 개개인의 상황과 맥락을 살펴 학생에게 가장 적합한 내용과 방식으로 지도하고, 진로개발 방향 설정을 도와주어야 합니다. 결국 현재의 학습동기 부족, 기초학력 저하는 일방적인 국가단위의 통일적이고 표준화된 교육과정을 강제하는 데서 발생한 결과일 뿐입니다. 따라서 그 처방은 학생 개개인의 관심과 욕망을 존중하는 개개인화된 교육과정 운영뿐이라고 할 수 있습니다.

많은 사람들이 기초지식, 교과별로 구조화된 기본 지식이 필요하다고 말합니다. 구조화된 지식이 필요하다는 주장에는 적극 동의하면서도, 국가가 국가교육과정을 통해 배워야 할 주요 내용을 결정하고 학교가 일방적으로 구조화된 지식을 강제하는 방식의 교육에는 반대합니다. 구조화된 지식을 갖추는 과정 역시 학생 자신의 관심과 욕망에 초점을 두고, 스스로 추구하는 문제를 해결해가는 과정을 통해 이루어져야 하기 때문입니다.

사람은 살아가면서 상호작용을 통해 사회적 존재가 되어갑니다. 자신이 속한 사회와 시대의 문명을 배우고 익히는 능력을 기초역량(basic skills or core competency)이라고 부릅니다. 그러나 기초학습역량을 구조화된 지식이라고 보거나 구조화된 지식을 학습의 전제 혹은 출발점이라고 보기는 어렵습니다. 오히려 학습의 결과물이라고 보아야 합니다. 학교와 부모 세대가 제공해야 하는 가장 기본적인 교육은 기초학습역량을 갖추도록 돕는 것이어야 합니다. 국가 혹은 전문가 집단이 구조화된 지식을 정해놓고 획일적으로 전달하는 일은 기초학습역량을 키우는 데 도움이 되지 않습니다.

기초학습역량을 갖추는 일은 유치원과 초등학교에서 대부분 이루어져야 하며, 특히 부모의 사회경제적 지위에 따른 격차, 개인적 특성에 따른 기초학습역량의 격차가 발생하지 않도록 각별히 배려하는 교육체제가 필요합니다. 독일, 핀란드, 캐나다 등의 교육

체제는 유난히 이 부분에 많은 노력을 기울입니다. 교사가 일방적으로 가르치기보다는 아이들이 자신들이 원하는 방식으로 하나씩 익히면서 기초 셈법, 읽기와 쓰기 등의 기초학습 역량을 키우도록 지지하며 기다려줍니다. 초등학교 4학년 이상, 적어도 중학교부터는 자신의 관심과 흥미, 소질과 재능에 따라 스스로 자신의 구조화된 지식을 축적해가도록, 그리고 그것들을 활용하는 과정에서 실천역량, 새로운 문제를 제기하고 해결하는 역량을 갖추도록 지지하고 지원하는 방식으로 학교의 교육이 구성되어야 하고, 교사의 활동과 수업이 설계되어야 한다고 생각합니다.

사람마다 외부에 대한 감수성, 어떤 문제에 대한 집중도, 사물을 이해하는 방식, 자신의 생각을 조직하는 방법 등이 모두 다릅니다. 이 때문에 구조화된 지식을 형성하는 과정 또한 학생 스스로 수행할 수 있도록 돕는 방식이 가장 효과적이라고 봅니다. 지식과 정보가 주변에 무제한으로 널려있는 디지털 네트워크 지식 시대는 자신의 지식을 구조화하는 능력이야말로 가장 중요한 역량이며, 이 역량은 자신의 관심을 중심으로 지식을 구조화하는 과정 그 자체를 통해서만 효과적으로 습득된다고 보기 때문입니다.

학생들의 자율성을 우리가 존중하고 학생들이 자유롭게 실행할 수 있게 하자는 말이 마치 교사나 학부모는 아무 할 일이 없다는 것처럼 오해하시는 경향이 있는 것 같습니다. 교사들 입장에서 가장 쉬운 교육방식은 앞에서 혼자 '열심히 가르치는 수업'입니다. 정말 어려운 수업은 학생들이 스스로 학습하게 하는 방식의 수업활동입니다. 자율적 학습 방식, 개개인의 욕망에 기초한 학습이라는 것은 학생을 방치하거나 '선생님 혼자만 진도를 빼는' 수업이 아니고, 아이 한 명 한 명이 자신의 관심에 집중할 수 있게 배려하고, 격려하고, 동기 부여하는 수업과 학생지도를 의미합니다. 사람마다 입맛이 다르듯이 아이들마다 동기 부여되는 지점들이 다 다르기 때문에, 교사나 학부모는 이를 모두 신경 써 대응해야 합니다. 선생님들의 그런 노력들 위에서 학생의 자율과 선택 중심 교육과정을 운영할 수 있는 것이지, "너 하고 싶은 거 해봐라, 알아서 해봐라"는 식은 개개인화된 교육과정 운영이 아닙니다.

학생들, 아이들뿐만 아니라 어른들도 새로운 무언가를 할 때는 이미 경험이 있는 사람이나 전문가한테 조언을 구하고, 그들의 가이드를 받아 학습하고 실행합니다. 그렇다고 해서 어른들이 타율적으로 일을 한다고 하지는 않습니다. 상사나 동료의 지원을 받기도 하고, 팀으로 일하기도 하는 것처럼 아이들의 공부도 그렇게 수행되어야 합니다. 그런 의미에서 학생들이 자율적 학습자가 되도록 하는 일은 많은 노력을 요구하는 매우 어려운 과업입니다.

다행인 것은 우리나라 선생님들이 교육에 대한 열정이 매우 높다는 점입니다. 혹 열정이 없어 보이는 분들도 사실은 지친 것이지, 원래 "교육 싫어, 애들이 싫어" 하는 분들은 없습니다. 물론 굉장히 지쳐서 이제는 교육을 하기 싫다고 하시는 분들이 있습니다. 그런데 왜 지쳤을까요?

사실 선생님들한테 가장 힘이 되는 건 아이들의 리액션reaction 즉, 생기 있는 반응입니다. 그런데 선생님들이나 아이들이나 시험에 쫓겨 진도 나가기 바쁜 상황에서는 교사나 학생이나 에너지가 소진됩니다. 자율적 학습 방식으로 아이들이 배울 수 있도록 하면, 자율성 속에서 아이들이 생기가 돌고, 생기 있는 아이들과 상호작용하는 선생님들도 에너지가 충전되지 않을까 합니다. 선생님과 학생이 서로 돕는 상황이 되어야 교사도, 학생도, 학부모도 모두 행복하게 살 수 있습니다.

교사들이 학생들의 자율성을 존중하는 수업을 수행할 수 있도록 하기 위해선 교육 행정 체제가 도움을 주어서 여건을 갖춰주어야 합니다. 교사가 혼자 앞에서 떠들 때는 학생이 백 명이 있어도, 60명이 있어도 상관이 없지만, 레고 블록을 가지고 각각의 학생들이 뭘 만들고 싶은지 확인하고, 만들고 싶은 걸 수행하게끔 도와주는 활동은 학급당 20명 이상인 상황에서는 불가능합니다. 그래서 유럽의 학교들이 지금 학급당 학생 수를 20명 이하로 줄였고, 핀란드는 16명 이하로 줄이려고 노력하고 있는 상황입니다.

예를 들어, 생물 시간에 어떤 학생은 세포 분열에 관심이 있으니 세포분열을 공부하게 하고, 다른 학생은 진화에 관심 있으니 진화 부분을 공부하게 하고, 생태계에 관심 있으면 생태계를 학습하게 하면 가장 효과적인 학습 상황이 될 것입니다. 생태계를 공부하다 보면 세포 얘기도 나오고 진화 얘기도 나옵니다. 순서가 다를 뿐입니다. 예를 들어, 생태계에 관심 있는 애가 나중에 유전이라든지, 세포라든지, 유기물, 무기물 등과 같은 개념에 관심이 없을까요? 어디에서 시작하든 결국 그물망처럼 다 연결되어 있습니다. 다만 출발점이 다르고 거치는 과정과 순서가 다를 뿐입니다. 학생이 관심을 가지고 있는 초점이 다를 뿐이고, 뚫고 들어가는 지점이 다를 뿐입니다.

한국 학교의 교육과정은 교과의 기본구조와 체계를 다 가르치려고 합니다. 예를 들면, 생물교과에서는 누구나 세포부터 진화까지 모두 일괄적으로 배워야 합니다. 그런데 다른 나라의 수업은 그렇지 않습니다. 예를 들어, 프로젝트 수업을 한다면 어떻게 모든 교과내용을 담을 수 있겠습니까? 어떤 아이는 곤충에, 어떤 아이는 식물에, 어떤 아이는 기후 변화에 관심이 있을 것이고, 또 다른 아이는 진화에 관심이 있을 것입니다.

학생들이 한 학기 혹은 일 년 동안 각자의 프로젝트를 진행한다면, 아이들이 배우는 내용은 모두 다를 겁니다. 학생들이 자신의 한 학기, 일 년 동안의 프로젝트 수업에서 하고 싶은 걸 다 하지 못하면, 다른 부분은 방학이나 다른 기회를 통해 스스로 수행하는 아이들도 많이 있습니다. 재미있고 자기가 공부하고 싶은 내용이기 때문입니다. 그렇게 되면 아이들은 스스로 학습해나가는 힘이 생깁니다. 학생들의 관심과 욕망이 사방팔방으로 번져나갑니다.

이런 학습 방식이 사실은 가장 좋습니다. 우리나라 교과서처럼 세포부터 시작해 진화까지 가는 게 아니라, 하나의 주제에서 시작해 확장시켜나가는 방식입니다. 예를 들어, 지금 기후 변화 문제를 잡았다 하면, "해수면이 올라가는데 왜 올라 가냐? 기온이 올라가니까 얼음이 녹아서 그런다. 그러면 물의 온도, 바닷물 온도도 변한다. 바닷물의 온도가 변하면 그 염분 농도가 달라지고, 바닷물의 산소 농도도 달라지고, 생물마다 반응이 다 달라진다"라는 식으로 말입니다. 이렇게 화학으로도, 물리학으로도, 지구과학으로도 번져나갑니다. 학생들이 종합적으로 공부하게 되는 겁니다. 이 과정을 교사가 앞에서 코치하고, 옆에서 지켜보고, 동기를 부여하고, 뒤에서 조금씩 밀어주어야 합니다. 교사 입장에서는 앞에서 강의하는 것보다 훨씬 더 어렵고, 전문성이 요구되는 수업입니다.

사회과학 분야에서 예를 들자면, 가끔 전쟁만 파고드는 학생들이 있습니다. 전쟁을 공부하다 보면, 정치적 관계를 공부하게 됩니다. 어느 장군이 그때 왜 쫓겨났는지, 왜 실패할 수밖에 없었는지, 당시 정치적으로는 이 사람에게 어떤 압력이 가해졌는지, 왜 여기서 전쟁 물자나 군량 등이 제대로 수송이 안 됐는지 등 자꾸 이야기가 연결되어 퍼져나가게 됩니다. 그러다 보면 경제 문제, 정치 문제, 문화 문제, 철학까지 공부하게 됩니다.

전쟁에서 무기 발달 과정까지 추적하다 보면, 기술과 과학도 나옵니다. 화포를 쏠 때 지구 자전에 의해서 코리올리효과(전향력)가 나오니, 전쟁을 학습하다 보면 물리학도 만나게 됩니다. 이런 학습이야말로 바로 디지털 네트워크 지식 세계에서 모듈화 된 지식을 활용해 자신이 만들어가는 레고 블록 놀이인 것입니다. 학생들이 지식의 체계를 스스로 만들어가는 것이야말로 가장 효과적 학습방식입니다.

···· 포노사피엔스의 문해력은 과연 낮은가

2000년 전후, OECD와 유네스코 등을 포함해 국제적인 기구들이 핵심역량core competency과 기초역량basic skills에 대해 중요하게 논의하고 있습니다. 물론 핵심역량도 서로 다른 수준이 있으나 가장 기반이 되는 역량은 문해력literacy입니다. 읽고 쓰고 듣고 말하는 과정에서 대상을 이해하는 역량을 말합니다. 그런데 문해력은 글을 많이 읽는다고 높아지는 능력은 아닙니다. 자신의 삶의 경험과 연관되어 있을 때 이해력이 높아지고, 이해가 깊어집니다. 결국은 경험과 지식은 비례해서 갈 수밖에 없습니다. 그 배율이나 기울기는 개인마다 다르겠지만, 개인의 경험 그리고 그 사람의 안목과 역량은 일정한 상관관계를 가질 수밖에 없습니다.

풍부한 경험을 가지지 않은 상태에서 아이에게 뭔가를 크게 바라는 것은 투자 없이 성과가 있기를 바라는 것과 같습니다. 그래서 미국 부모들이나 유럽 부모들은 아이들이 청소년기에 많은 것을 경험하도록 배려합니다. 단순한 아르바이트에서부터 여행, 인턴십, 다양한 친구 관계, 다양한 봉사활동, 운동과 사회활동 등을 통해, 많은 경험들을 쌓게 하고 아이들이 자신의 진로를 만들어가게 해줍니다.

최근 학계와 정치권에서 '심심한 사과'에 관한 댓글로 문해력 논란이 일었던 적이 있습니다. 발단은 "심심한 사과를 드린다"는 게시문 아래에 "제대로 사과를 해야지, 심심한 사과라니, 어이가 없다"는 취지의 댓글에 대해, "최근 젊은 층에서 일상적 용어도 제대로 이해하지 못한다"는 등 문해력 저하가 심각하다는 지적으로 논쟁이 촉발되었습니다. 이어서 요즘 젊은 세대는 '사흘'을 '4일'로, '금일'을 '금요일'로 알고 있다는 등 여러 사례가 제시되면서 젊은 세대의 문해력과 학력 저하에 대한 진지한 대책이 필요하다는 주장까지 이어졌습니다.

과연 아이들의 문해력이 낮아진 걸까요? 우리가 문해력에 대해 어떠한 오해를 하고 있는 건 아닐까요? 특정 어려운 단어의 뜻을 알고 있거나 맥락 없이 주어지는 단어의 개념을 아는 것을 문해력이라고 생각하는 듯합니다. '심심한 사과'라는 표현에서 '심심한'의 뜻을 아는 것이 문해력은 아니라고 생각합니다. 다만 제가 생각하는 문해력의 핵심은 아주 기초적인 이해력입니다. 자신에게 필요한 글을 읽고 이게 무슨 말이라는 것을 이해할 정도면 충분합니다. 나아가서 이해하지 못했다면, 네이버든 구글이든 적절한 검색을 통해 그 뜻이나 맥락을 이해할 수 있으면 문해력이 있다고 생각합니다.

언어는 매우 사회적이고 시대적이며 맥락적입니다. 1960~70년대에 흔히 쓰던 사자성어나 고사성어를 지금은 거의 쓰지 않습니다. 예를 들어, 당구풍월(堂狗風月: 서당 개 3년이면 한시를 쓸 줄 안다), 오월동주(吳越同舟: 적대적인 집단이 같은 처지에 놓여 협력할 수밖에 없게 되었다)를 요즘 젊은 세대가 모른다고 문해력이 없다고 말할 수 있을까요? 반대로, 요즘 젊은 세대가 사용하는 용어들, 캣맘(길고양이를 돌보는 사람), 식집사(반려 식물을 기르는 사람), 완내스(완전 내 스타일), 케바케(사람마다 사례마다 다르다), 어쩔티비(난 상관없다), 갓생(제대로 성실하게 사는 인생) 등을 모르는 기성세대를 젊은 세대는 뭐라고 부르겠습니까?

수학도, 과학도, 영어도 기본적인 지식만 있으면 된다고 생각합니다. 기초 수준을 뛰어넘는 문해력은 자신이 욕망하는 분야에서 무엇을 욕망하는가를 이해하는 것과 관련해 판단해야 한다고 봅니다. 예를 들어, 어떤 아이가 게임에 관심이 많으면 해당 게임에 대한 긴 문장을 읽어냅니다. 그런데 저는 게임에 관심이 없고, 게임 관련한 기본 배경 지식이 없기 때문에, 특정 게임에 관한 긴 글을 읽어내기가 매우 어렵습니다. 우리가 얘기하는 일반 문해력을 단순화해서 제가 100 정도라면, 일반 문해력은 채 20~30도 안 되는 아이들도 제가 못 읽어내는 특정 게임에 관한 긴 글을 읽어내고 자신이 필요한 활동을 수행해낼 수 있습니다. 그렇다면 적어도 해당 게임에 관해서는 그 아이가 저보다 문해력이 높다고 생각합니다.

문해력은 개인의 관심 영역과 밀접히 연관지어 고려되고 평가되어야 한다고 생각합니다. 그래서 저는 수능 영어시험 지문과 같은 방식으로 평가하는 문해력을 가장 싫어합니다. 이 시험에서는 굉장히 긴 지문이 주어지는데 의학 분야에서부터 체육 분야까지 다양하게 지문이 나오고, 제대로 이해했는지를 묻습니다. 이건 마치 "너는 아무것에도 집중하지 마라!"는 명령과 같습니다. 마치 "너는 생각이 없는 로봇처럼 주어진 것을 객관적으로 읽어낼 줄만 알면 된다"는 식입니다. 이런 문해력은 폭력적이라고 생각합니다. 진정한 문해력이란 자신이 좋아하는 것을 읽어내고 느끼고 즐길 줄 아는 능력입니다. 그것이면 충분하다고 생각합니다. 따라서 문해력 관련 과제는 자신이 좋아하는 주제임에도 불구하고 이해하거나 습득할 수 없는 상황에 놓인 아이들을 찾아내 필요한 역량을 갖추도록 돕는 일이어야 합니다.

우리 아이가 고등학생 시절, 아이가 치던 영어시험 지문을 보면서 '아! 이게 고문이구나!'라는 생각이 들었습니다. 둘째 아이가 어느 날 한 뼘이나 되는 긴 영어 지문이 출제된 시험지를 가져왔는데, 전문적인 경영학 주제에 관한 내용이었습니다. 그걸 보고 얼마나 화가 났는지 모릅니다. 제 둘째 아이는 경영학에 대해 아무런 관심이 없습니다. 아이가 푼 시험지에는 의학 관련 기사, 유명한 소설 발췌문, 정치 경제 관련 컬럼 등 종잡을 수도 없고 서로 아무런 관련도 없는 주제들이 나열되어 있었습니다.

학생들이 전혀 관심이 없는 것을 이해하지 못한다고 "문해력이 없다"고 하는 건 문제라고 생각합니다. 대학교 신입생이었을 때 많은 교수님들이 "너희들은 기본이 안 됐다"고 말했습니다. 그 이유 중에 하나가 한자를 못 읽는다는 것이었습니다. 대학교 교양 국어 시간에 유명한 국어학자였던 한 교수님이 "한글만 알아서는 기본적인 학문적 문해력이 생길 수 없다"고 말씀하셨던 것을 지금도 기억합니다. 교수님은 한자가 왜 학문에서 중요한지 열변을 토하시면서 한참 동안 말씀하셨습니다. 그 이유 중 하나가 한자는 매우 경제적인데 한글은 경제성이 떨어지기 때문에 학문하기에 효율적이지 않다는 것이었습니다. 예를 들면, '이화여자대학교'를 한자는 '이대'라고 줄일 수 있는데 한글로 '배 꽃 계집아이 큰 배움터'라고 하고, '배계큰배'로 줄이면 뜻이 통하겠느냐는 게 요지였습니다.

그런데 최근 놀라운 일이 벌어졌습니다. 요즘 아이들이 이런 방식으로 줄여 말하고 있습니다. '안물안궁(물어보지도 않았고 궁금하지도 않다는 뜻)'도 그런 예 중의 하나죠. 케바케(case by case의 줄임말), 안습(안구에 습기가 찬다는 뜻으로 슬픈 상황을 나타내는 말), 완내스 등과 같은 단어는 매우 경제적이지 않습니까? 40년 전, 교양 국어 시간에 유명한 국어학자가 했던 그 말이 얼마나 엉터리인가를 지금 우리 아이들이 그대로 보여주고 있는 것입니다. 그런 면에서 우리 아이들이 오히려 어른들보다 더 적합하고 정확한 문해력을 추구하고, 또 바람직하다고 생각합니다.

기초 문해력과 관련해 "요즘 애들은 장문의 지문을 읽고 이해하는 능력이 매우 떨어져 있다"는 주장이 있습니다. 이는 두 가지 측면에서 검토되어야 한다고 생각합니다. 첫 번째는 해당 지문의 내용에 학습자가 관심이 없다면, 학생들이 이해하지 않을 가능성이 큽니다. 못하는 것이 아니라 안하는 겁니다. 요즘 애들은 자기 관심에 매우 민감합니다. 자기가 관심이 없는 것은 "내가 이걸 왜 해야 해?"하는 자세로 시작하니까, 내용이 잘 안 들어옵니다. 부모 세대는 참고 읽어야 되는 걸로 수용했는데, 요즘 애들은 그렇지 않습니다. 아이들의 관심을 무시하고 백화점식, 백과사전 같은 지식을 늘어놓고 이것들 속에서 필요한 걸 찾아내 대답하라고 하면, 무의미한 일이라 생각합니다.

어린 시절에 저는 저의 관심사과는 무관하게 공부했습니다. 사람은 원만하게 두루 알아야 된다는 이유로 말입니다. 부모님도, 선생님도 항상 그렇게 하라 그러셨고 공자님 말씀에도 "군자불기 (君子不器)"라고 하셨다면서요. 제가 그렇게 50년을 살아온 사람인데, 지금 생각해보면 그럴 필요가 있었나 싶은 생각이 듭니다. 특히 우리 아이들한데 그렇게 하라고 해야 하는시 매우 회의적입니다. 관심 있는 것만 하기에도 시간이 부족한데 왜 하기 싫은 것까지 관심 가지고 시간과 에너지를 소모해야 할까요? 나중에 관심이 생기면 그때 하면 됩니다.

우리가 최근에 새로운 학력 개념을 말하는데, 여기에 새로운 문해력도 들어가야 된다고 생각합니다. 그동안 우리가 필수라고 생각했던 것들에 대해 재검토가 필요하다는 말입니다. 그런 면에서 예를 들어 영국의 대입 제도를 보면, 한국 수능에 비해 필수과목은 적고 선택과목이 많습니다. 선택과목이 많다는 것은 자신이 관심 있는 분야를 잘하면 된다는 의미입니다. 요리하는 아이들은 요리에 맞는 수리력을 갖추면 되는데, 2차 방정식을 풀라고 하든지, 댐

이 받는 물의 압력을 알라고 요구할 필요는 없다고 생각합니다. 왜 하기 싫고, 욕망이 향하지 않는, 반대 방향을 향해 아이들을 억지로 밀어붙이려고 하는지 이해하기가 어렵습니다.

••• 모든 학습의 출발점은 욕망하기

최근 학비와 생활비로 거금 3,000만 원을 마련해 홀연히 프랑스로 떠났던 조카가 2년 남짓한 파리 생활을 마치고 귀국을 했습니다. 스마트폰 앱으로 프랑스 친구에게 프랑스어를 배우고, 원룸 빌리고, 학원 입학시험까지 통과해 모두를 놀라게 했던 아이입니다.

"요즘 뭐해?"

"네. 동생 약국에서 알바하고 있어요. 동생하고 자주 다투기는 하지만, 일단은 큰 문제는 없어요!"

"그래? 그런데, 너 배운 기술이 너무 아깝다. 졸업 작품 전에서 우수상도 받았다면서! 요즘 우리나라에서 프랑스식 디저트 가게들이 고급문화로 퍼지고 있는데, 취업해서 실력 발휘도 하고, 앞으로 개인 가게 가질 방법도 계획해보고 그러면 좋지 않겠어?"

"아니에요. 프랑스 다녀와서는 디저트에 대한 열정이 시들해졌어요. 관련이 있기는 하지만, 좀 다른 분야인 향수에 요즘은 관심이 많이 가요. 파리 가기 전에도 향수에 관심을 가지고 본 것도 있고요."

"그래, 그러면, 그걸 해봐야지, 별 상관도 없는 약국에서 알바하는 건 별론데?"

"네. 그런데 요즘은 요가와 필라테스에 빠져서 그걸 열심히 하고 있어요."

"아. 그렇구나! 그래, 열정은 움직이는 거지."

이 조카는 얼마 후 동생 가게 알바를 그만두고 강남 유명 백화점 향수코너에 취업을 했습니다. 미각과 후각, 미적 감각이 있기 때문에 금방 적응하고 손님 응대하는 매너도 좋아 성과를 올리는 직원이 되었습니다. 그런데 며칠 전에 다시 자신의 길을 찾아가야겠다고 말하더군요. 몇 달 외도를 해보니 자신이 디저트 만드는 걸 얼마나 좋아하는지 깨닫게 되었다고 말입니다.

어릴 때 흙을 가지고 물장난을 해보거나, 갯벌에 가서 물을 퍼내고 나면, 좀 시간이 지나야 흙 속에서 물이 조금씩 스며져 나와 흙구덩이에 물이 차오릅니다. 그 스며드는 시간이 필요한 것입니다. 관심이 생겨 애들이 막 열정을 쏟고 나면 에너지가 소모됩니다. 그럼 또 시간이 필요합니다. 한두 달 놀다 보면, 또 관심이 가는 게 생깁니다. 그럼 또 그거 해보는 겁니다. 이제는 관심이 가는 것만 하고 살아도 되는 세상이 됐습니다. 이제 하기 싫은 일을 참아가며 자신의 뼈와 살을 갈아넣어 무엇인가를 해야 되는 시대는 끝났습니다.

사람들마다 욕망의 방향과 결이 다 다릅니다. 첫째 아이는 중학교 때부터 건축에 꽂혀 벌써 십여 년째 아주 즐겁게 관련 공부와 작업을 하고 있습니다. 대학 졸업 작품을 설계할 때는 며칠씩 밤새도록 작업하고도, 다시 다음 날 작업하러 나갑니다. 첫째 아이도 대학을 졸업하고 1년 동안은 건축을 그만하고 '다른 걸 해보면 어떨까' 하는 마음으로 자산관리회사에 다녔습니다. 그러나 4개월도 채 되지 않아 다시 건축으로 돌아가야겠다며 건축설계 포트폴리오를 만들기 시작했습니다.

둘째는 그냥 중구난방입니다. 처음에는 요리에 꽂혀 요리학원을 한참 다니다가, 요가에 꽂혀 요가를 하다가, 한동안은 생태주의에 관심을 많이 가지고 환경문제, 생태문제 공부한다고 대학에 관련 학과 진학했는데, 다시 시들해져서 쉬다가 최근에는 빵에 꽂혀 한참 빵집에 다니고 있습니다. 요즘 애들은 다 그렇게 살고 싶어 하는 거 같습니다.

부모 입장에서는 그게 더 좋은 것 같습니다. 솔직히 그렇게 살 수 있는 아이들이 부럽습니다. 대신 조카나 아이들에게 반드시 하나는 지키라고 조언합니다. "대학교를 졸업하고 나면, 네 밥값은 네가 벌어서 생활하면서 하고 싶은 것을 해라. 성인이 되어서 부모에게 얹혀살면서 하고 싶은 걸 하겠다는 자세는 무책임한 짓이다"라고 말입니다.

우리 부모 세대는 하기 싫은 걸 참아가면서 열심히 하도록 교육받았습니다. 솔직히 말하면 불행한 인생이었던 것 같습니다. "언젠가는 행복해지겠지" 하고 불행을 참았던 세대입니다. 그런데 요즘 애들은 "왜? 지금 행복하지 않으면, 언제 행복할 건데?"라고 말하는 것 같습니다. 우리가 자꾸 미래교육에 대해 말하는데, 미래 말고 '지금', 그냥 아이들이 몰두할 수 있으면 저는 충분하다고 생각합니다. 누군가 이런 얘기를 했습니다. "그것이 실패하든 성공하든 한 사람이 어떤 것에 몰두해서 끝장을 한번 봐보면, 그게 한 번이 어렵지 그 다음부터는 이제 능숙해져서, 뭘 해도 자기가 정말 집중해서 한 사이클을 돌려내는 힘이 생기는 거거든요"라고요. 저는 이분의 말씀에 전적으로 동의합니다.

"내가 기획해서, 내가 이거 한번 끝장까지 해봤다"는 경험은 그것이 게임이든, 노래든, 춤이든 상관이 없는 것 같습니다. 한 번 끝장을 본 사람은 나중에 다른 것도 잘 해내는 것 같습니다. 그런데 문제는 우리 교육이 끝장을 못 보게 한다는 점에 있습니다. 항상 조각조각 잘라내서 이것 저것 조금 해보고, 어느 것 하나 제대로 하는 게 없이 어중간한 상태로 하다 맙니다. 결국 나중에 가면 어중이가 되어 있습니다. 무엇하나 제대로 해낼 줄 모르는 어중이는 스스로도 불안하고 옆에 있는 사람도 힘들게 합니다.

이 문제는 우리가 "삶을 어떻게 바라볼 것이냐"의 문제이고, "교육이 왜 존재하는가"와 관련된 문제라고 생각합니다. 대학생들을 만날 기회가 종종 있는데, "중·고등학교에서 삶에 도움이 되는 것들을 좀 배웠으면 좋지 않았을까? 자기 삶을 스스로 살아가는데, 실질적인 도움을 주는 역량을 중고등학교에서 배울 수 있게 하는 것이 미래교육이다"라고 말했습니다. 원격, 디지털, 스마트, 이런 단어보다 이게 훨씬 더 미래적인 이야기입니다.

욕망이라는 건 생명체만 가지는 속성입니다. 생명체가 욕망이 없었다면 생명체가 되지 않았을 거라고 얘기합니다. 무생물에서 생명이 태어났다는 것 자체가 욕망이 출연한 대사건입니다. 살아있는 것은 다 욕망을 가지게 되어 있습니다. 그런데, 아이들이 욕망이 없다는 건 금지와 강박을 통해서 욕망이 꺾이거나 왜곡됐기 때문입니다. 아이들은 강박된 욕망이나 금지된 욕망, 모두 자신의 욕망이 아니라는 것을 알기 때문에, 금지된 욕망과 강박된 욕망 추구를 거부하는 겁니다. 금지된 욕망과 강박된 욕망을 모두 회피하려고 아이들 입장에서는 그 나름의 생존법으로 저항하며 살고 있는 것입니다.

지금 아이들이 무감각하거나 '욕망 없음'의 상태가 아니라, 너무나 욕망하기 때문에 금지된 것과 강박된 욕망 모두를 거부하고 있는 것이라고 생각합니다. 삶 자체가 욕망이고, 모든 생명체는 자발적입니다. 그 자발성을 누가 막지 않으면 됩니다. 타고난 욕망과 자발성을 수많은 것들로 옭아매고, 막고, 왜곡하고 있는 상태라고 봅니다.

교실 속 스마트 기기

최근 한 학교의 영어수업을 참관했습니다. 교사는 수업을 하면서 학생들의 스마트패드와 전자칠판을 연계하고, 웹상의 공동 작업공간을 통해 상호작용을 하면서 수업을 진행했습니다. 교사는 6개 팀에게 여러 나라의 문화상품 사진을 하나씩 배정하고 그와 관련된 나라, 풍습이나 문화 등에 대해 조사하여 영어로 발표 자료를 만들도록 했습니다.

아이들은 구글 이미지 검색과 키워드 검색을 통해 관련 사진과 50단어 정도의 설명문으로 발표 자료를 20분 정도에 걸쳐 팀 별로 만들었습니다. 교사는 팀을 돌아다니면서 활동을 살피고 간단한 질문에 답하고 조언했습니다. 마지막 15분 정도는 팀별로 제작한 자료를 전자칠판에 띄우고 앞에서 영어로 발표했습니다. 발표하는 학생들의 영어는 유창하지는 않았지만 분명했고 내용은 다양했습니다.

This is a popular Mexican souvenir called 'sombrero.'
Mexican men used to wear this hat to protect faces from sunshine.
This hat is usually made of felt or straw.
이 물건은 '솜브레로'라고 하는 널리 알려진 멕시코 기념품입니다.
멕시코 사람들은 햇빛으로부터 얼굴을 보호하기 위해 이 모자를 씁니다.
이 모자는 보통 펠트나 짚으로 만듭니다.

만약 교사가 스마트 기기와 인터넷을 적절히 활용해 참여형 수업을 운영할 수 있다면 교실 속 스마트 기기와 싸울 필요가 없다는 생각이 들었습니다. 교사나 부모들은 아이들이 스마트 기기를 통제할 수 없다고 말하지만, 저는 오히려 이들이 아이들과 스마트폰을 통제할 수 있다고 믿는 것이 문제라고 봅니다. 아이들은 통제의 대상이 아닙니다. 그건 어른도 마찬가지입니다. 어른들도 연수

교육을 받는 동안 집중하지 않고 계속 딴짓을 하기도 합니다. 반면에 제가 참관했던 위의 수업에서는 어떤 아이도 스마트패드로 딴짓을 하지 않고 수업에 집중했습니다. 수업의 본질적인 문제, 즉 수업이 무엇을 목표로 해서 어떻게 진행되는가의 문제인 것이지 스마트폰이 문제가 아닙니다.

유일한 해결책은 아이들 스스로 스마트폰을 통제할 수 있는 힘과 태도를 지닐 수 있도록 돕는 것입니다. 강제, 통제, 억압을 통해 달성될 수 있는 일이 아닌 것입니다. 삶에 있어 스마트폰과의 관계를 어떻게 할 것인가는 자신이 결정해야만, 그 결정이 유효하고 지속 가능합니다. 순간적이고 강압적인 것은 그 강압이 풀리는 순간, 부모가 아무런 영향을 못 미치는 순간, 모든 통제가 무너지기 때문입니다.

학교와 교사, 학부모 문화가 가진 문제 중 하나는 전체적으로 스마트 기기에 대한 반감이 높다는 점입니다. 대부분의 학교와 가정에서 스마트 기기를 가장 유력한 학습의 도구로 보기보다는 수업을 방해하는 위험물로 여기기 때문입니다. 그러나 아이들 입장에서 보면 세계에서 가장 큰 도서관을 몸에 지니고 다니는데, 학교 교문을 들어서는 순간 도서관 문을 잠그고 공부를 하는 상황입니다. 스마트폰에 있는 정보보다 더 많은 지식을 담고 있는 도서관은 세계 어디에도 없습니다.

더 중요한 문제는 선생님들이나 우리 학교가 새로운 방식으로 교육하는 것을 시도하고 있지 않기 때문에 스마트폰을 허용할 수가 없다는 점입니다. 예를 들어, 프로젝트 수업을 한다면 아이들이 스마트폰을 사용하지 않으면 프로젝트를 수행할 수가 없습니다. 최근 대학로에서 운영되는 '거꾸로 캠퍼스' 아이들은 핵심적인 수업과 활동을 프로젝트 방식으로 진행하는데, 스마트폰과 스마트 기기를 안 가지고 오면 수업을 할 수가 없습니다. 스마트 기기를 적대시하는 학교는 지금 레고 블록 없이 레고 작업을 하려고 하는 것과 마찬가지라고 말하고 싶습니다. 그러니까 우리 학교와 선생님들이 현대의 변화된 지식 환경에 맞게끔 교육하고 있지 않기 때문에 스마트폰을 적대시한다고 말할 수 있습니다.

지난 2년간의 코로나 상황에서 스마트 기기, 네트워크의 도움 없이 학교 수업을 운영할 수 없는 상황을 겪으면서 학교와 교사, 학부모들이 스마트 기기에 대한 반감이 많이 줄어들었습니다. 그렇다 보니 전국의 모든 학교에서 스마트 기기들이 대량으로 도입되어 활용하게 되었습니다. 최근 서울특별시교육청도 중학교 1학년과 모든 중학교 교사에게 1인 1스마트패드를 지급하는 프로그램을 추진하고 있고, 이후 고교생에게도 연차적으로 지급할 계획입니다. 특히 스마트 기기를 평소에 잘 활용하시던 교사들은 빠른 속도로 스마트폰과 스마트패드를 적극 활용하는 방식으로 수업을 진행합니다. 학생들도 기존의 교실과는 다른 학습활동에 큰 흥미를 가지고 임하게 되었을 뿐만 아니라, 학생들은 자신의 학습활동을 체계적으로 관리하고, 필요한 지식과 정보를 보다 적극적으로 폭넓게 검색하여 활용하는 방식으로 학습행동을 변화시키고 있습니다. 이제 스마트폰과 스마트 기기를 활용하는 교육과 학습활동은 거부할 수 없는 흐름이 되었다고 생각합니다.

•••• 스마트 기기와 새로운 관계 맺기

"학교와 가정에서 스마트 기기를 어떻게 활용할 것인가?"는 문제는 학교와 가정이 직면해서 교사-학생 간에, 부모-자녀 간에 함께 정립해가야 하는 새로운 관계 맺기 과제입니다. 다르다고 걱정만 할 것이 아니라 이 세대가 가진 학생에 대한 평가도 이제 바꾸어야 합니다. 코로나 때문에 대부분 온라인 수업을 하고 평가도 온라인으로 하다 보니 시험도 새로운 방식으로 치르는 경우가 많았습니다. 일부 선생님들은 "책, 인터넷, 친구나 주변의 도움 등등 다 써도 좋다, 다만 표절을 하면 안 되고, 시간은 엄수해야 한다"와 같은 식으로 중간고사와 기말고사를 치렀습니다. 이런 방식이 교육적 관점에서도, 디지털 네트워크 지식 시대에도 가장 적합한 평가 방법입니다. 이러한 방식의 시험에서는 학생들의 고차원적인 정신역량(higher-order thinking skills)인 지적 창의성, 비판적 사고력, 응용-종합-분석 능력, 메타인지 등을 평가할 수 있습니다.

영어 공부로 예를 들어 보겠습니다. 언어는 쓰면 늘고 안 쓰면 퇴화합니다. 그건 사회적으로도, 개인적으로도 마찬가지입니다. 자꾸만 영어 단어를 외운다고 언어 실력이 늘지 않습니다. 옛날 방식, 인쇄지식 시대의 평가방식을 적용해야 하기에 영어 단어를 많이 외우게 하고 문법 지식을 외우게 하고 그 결과를 평가하는 교육방식은 옳지 않습니다.

그럼 이제 영어 수업을 어떻게 할까 생각해보기 위해서 유튜브나 인터넷에서 교육 영상을 찾아보면, "이런 상황에서 이렇게 표현한다"는 종류의 비디오 클립이 많습니다. 아이들이 이러한 교육 영상을 필요로 한다는 뜻과 같습니다. 응용을 하자면 오히려 아이가 어떤 상황에 놓였을 때를 가정해서 "너희가 어떻게 할 것인지 시나리오를 짜서, 두세 명이 역할극을 해보라"고 하는 게 훨씬 나을 것입니다. 예를 들면, "런던 여행을 일주일 간다고 치자. 일주일 치 런던 일정을 세워보는 거야. 인터넷에서 검색하고, 예상 상황별 시나리오를 다 영어로 써서 발표해보는 거야"라고 과제를 제시하는 겁니다.

요즘은 영어를 상당히 잘하는 사람도 영어로 글을 쓸 때, 구글 번역기나 다른 언어 번역기를 많이 돌려봅니다. 한 사람이 하나의 표현을 다양하게 구사하기는 어렵기 때문입니다. 번역기를 돌려보면 다양한 측면을 검토하면서 영어 작문을 수행할 수 있습니다. 생각해보지 못한 표현도 볼 수 있거나 한글 문장의 논리적 구조가 명확하지 않아서 번역이 잘 이루어지지 못하는 경우도 있습니다. 이전과는 전혀 다른 상황에서 영어 글쓰기를 하는 정도인데, 책에서 배운 것만 머릿속에서 꺼내 영어 글쓰기를 하라는 건 교육적으로도 효과적이지 않습니다.

근대학교에서는 주로 책 보는 법을 가르쳤습니다. 특히 고급 과정인 석사, 박사 과정에서 가르치는 것은 관련 문헌을 어떻게 찾고, 그 문헌을 이용해서 자기의 주장을 뒷받침하고 증명하는 법을 가르치는 것입니다. 이것이야말로 인쇄지식 시대의 도서관 중심 교육입니다. 그리고 포노사피엔스 시대, 디지털 네트워크 지식 시대에는 스마트 기기를 이용해서 우리가 하고 싶은 것을 어떻게 해야 하는지, 그 속에 있는 지식과 정보를 어떻게 끄집어내고, 어떻게 활용하는지를 가르치는 것이 현대교육이자 미래교육이 되어야 합니다.

현재 학부모 세대나 저나 청소년 시기를 인쇄지식 시대를 살다보니, 책이나 인쇄된 지식에 대한 강박이 있습니다. 그 강박에서 빨리 벗어나야 된다고 생각합니다. 저는 최근에 이사하면서 종이 책을 다 없앴습니다. 가능한 한 전자책으로 보고, 꼭 읽고 싶은 책인데 종이책밖에 없다면 가능하면 도서관에서 빌려서 보려고 마음먹었습니다. 종이책을 출간한 사람이 이런 말 하는 게 조금 모순적이기는 합니다. 그래서 저는 책을 펴낼 때 전자책을 먼저 출간하거나 동시에 출간하자고 주장합니다.

모두가 셰익스피어나 톨스토이의 작품을 읽고 토론을 할 수 있어야 한다고 말하는 사람들이 많지만, 이에 동의하지는 않습니다. 종이책이나 고전 명작을 통해서만 인간의 생각이 깊어지거나 성찰적 지혜가 생긴다고 생각하지 않습니다. 반대로 스마트폰이나 스마트 기기를 활용하여 지식과 정보를 얻고 활용하는 삶이 오히려 깊은 성찰과 비판적 사고를 수행하는 데 더 효과적이라고 생각합니다. 그동안 인간은 필요한 지식과 정보를 머리에 담는 일에 많은 시간과 에너지를 소비했는데, 이제는 그것보다 방대한 내용을 클라우드에 올려놓고 언제든 불러내 활용할 수 있는 플랫폼, 즉 네트워크와 스마트 기기가 우리에게 더 깊은 성찰과 사고를 할 시간과 에너지를 확보해준다고 생각합니다. 또한 스마트폰은 단순한 지식과 정보 검색도구가 아닌 소통의 도구입니다. 아이들이 수많은 것을 스마트폰에서 경험하고 또 스마트폰을 통해 소통하지 않습니까? 그 과정에서 다양한 의견들을 접하게 되면서 생각이 다양해지는 것입니다.

제가 쓴 책 두 권을 모두 읽은 친구가 "너는 학생들이 매우 자율적이고 독립적이라고 전제하고 이 책을 썼구나. 그러나 세상에 그런 학습자, 학생은 많지 않아"라고 했습니다. 저는 그 말에 "친구, 네 말이 맞다. 하지만 우리가 교육을 통해서 이르고자 하는 지점, 그리고 우리가 교육이 가능하다고 주장하는 지점이 사실은 자율적 인간을 전제하고 있는 것이고, 자율적 인간을 전제하지 않는다면, 교육 자체가 존립할 수 없는 것 아닐까?"라고 반문했습니다. 인간이 타율적이고 독립적이지 않다면 교육시킬 수 없다고 생각합니다. 교육이야말로 자율적이고 독립적인 인간을 전제함과 동시에 그것을 최종적인 목표로 하는 작업입니다. 그런데 여기서 딜레마가 발생합니다. 자율적 인간이 우리 교육의 전제이자 목표인데, 현실에서는 그것을 인정하기가 너무 어려운 상황이라는 점입니다.

음식을 먹는 것도 너무 엄격하게 간섭하면 아이들이 성인이 되었을 때 음식에 대해 심리적인 문제를 갖게 될 수 있듯이, 욕망이야말로 아이들이 어려서부터 낮은 수준에서부터 단계적으로 끊임없이 경험을 통해서 스스로 통제하지 않으면 관리가 어렵다고 생각합니다. 어려서부터 스스로가 조금씩, 조금씩 실패하는 과정을 거치면서 스스로 나름의 기준을 정해가도록 하는 방식이 장기적으로 훨씬 효과적입니다.

올해 초에 세계 대안학교의 고전이자 최첨단인 영국 서머힐 학교 Summerhill School의 교감 선생이 강의차 한국에 왔습니다. 그는 서머힐 학교가 추구하는 가치가 '자유'라고 했습니다. 가장 중요한 가치가 자유이지만 서머힐 학교야말로 전 세계에서 가장 규칙이 많은 학교라고 했습니다. 다만 그 많은 규칙은 누가 정해준 게 아니라 아이들이 스스로 만든 것이라고 합니다.

이 학교는 아이들을 풀어놓고 맘껏 자유를 주었는데, 학생들 스스로 '내 자유가 소중하면 다른 사람들 자유도 소중하기 때문에, 학생들이 서로 어떻게 할지 약속을 만들어 쌓인 것'이 규칙이라고 말했습니다. 예를 들어 목요일 오후 시간은 회의하는 시간이라고 합시다. 학생들이 서로 지켜야 될 규칙들을 약속하는데, 자꾸 다양한 상황이 발생합니다. 누군가가 불편한 상황이 생겨나면, 회의를 통해 상황에 맞는 규칙을 정하고, 또 규칙을 누군가 지키지 않으면 그 다음 주 회의는 그 일에 대해 다시 토론하면서 규칙을 또 만듭니다. 규칙들이 쌓이다 보니, 세계에서 제일 규칙이 많은 학교가 되었다는 겁니다. 이렇듯 아이들이 스스로 통제하고 관리하는 방식이 가장 근본적인 방식이고 추구해야 하는 원칙이라고 생각합니다.

우리는 흔히 자율적 인간을 추구한다고 말합니다. 그러나 초중고를 거치면서 배운 자율은 스스로 어른들이 만들어놓은, 혹은 내가 모르는 어떤 권력이 만들어놓은 규칙에 무조건 따르는 것을 자율이라고 말했습니다. 지금도 크게 다르지 않은 듯합니다. 그러나 서머힐 학교의 사례처럼 진정한 자율이란 스스로 규율을 만들어내는 작업과 그걸 스스로 존중하는 활동입니다. 어릴 때부터 스스로 욕망을 따라가면서 추구할 수 있도록 해주고, 그 다음에 행동에 대해 서로 피드백을 같이 수행하는 과정들이 우리 교육 속에서 이루어져야 합니다. 서로 행동하고 논의하는 과정 그 자체, 그런 대화의 문화를 만들어가야 하는 것이죠.

지금처럼 부모나 교사나 학교가 못하게 금지하고, 아이들은 한쪽에 숨어서 하는 상황이 최악의 상황입니다. 최근 1인 1 스마트 기기 정책을 추진하기 전에 여러 선생님들을 모셔서 회의를 했는데, 오히려 허용적인 학교의 선생님들은 아이들이 규칙을 매우 잘 지키고 스마트 기기 활용 수업이 효과적으로 잘 진행된다고 말씀하셨습니다. 모바일 기기 관리 프로그램이라는 게 있어서 교사나 학부모가 통제할 수 있는데, 그런 관리 프로그램도 안 깔고 필요할 때 학생들이 자율적으로 사용하게 허용하는 학교 아이들이 수업 시간에 오히려 스마트 기기에 주의를 덜 빼앗기고 수업에 더 집중한다는 말씀이었습니다.

반면에 온갖 규칙을 정하고 통제 프로그램 깔고 서로 불신하는 학교일수록 선생님과 학생들 사이에 마찰이 자꾸 커지는 상황입니다. 서로 믿고 자율적으로 행동하는 상황을 끊임없이 반복하면서 서로가 고양되는 상승적 관계가 되어야 그게 학교이고 교육이고 바람직한 부모-자녀 관계입니다. 제 문해력도 달라졌습니다. 그러니까 종이책에 중독된 사람들이 생각하는 문해력과 스마트기기, 디지털 지식과 정보를 다루는 사람이 생각하는 문해력이 다릅니다. 종이책의 문해력은 일단 성실과 끈기가 있어야 합니다. 종이책을 읽는다는 건, 비유하자면, 탄광에서 원석을 캐는 것과 비슷한 활동입니다. 그런데 디지털 네트워크 지식과 정보는 일단 원석을 캐는 과정을 생략해줍니다. 인공지능 기반 검색엔진이 원석을 캐는 일을 해주면, 사람은 감별할 줄 알면 됩니다. 검색엔진이 뿌려준 걸 가지고, 내가 감별만 할 줄 알면 되고, 정말 중요한 역량은 원석을 가공하는 능력입니다.

요즘 아이들은 화면상에 나타난 지식과 정보를 스캔해서 자기가 원하는 것을 감별해내는 능력이 뛰어납니다. 확인하고 싶다면 초등학생, 중학생 아이들하고 옆에 앉아 같이 검색해보세요. 금방 알 수 있습니다. 제가 한 화면 보는 데 5초 걸리면, 우리 아이는 1초 걸린다고 생각합니다. 저는 처음에 아이들이 그냥 장난으로 막 넘기는 줄 알았습니다. 그런데 아이들이 함께 찾고 있는 정보를 정확히 캐내는 데 저보다 훨씬 빠르다는 사실을 발견하고, 아이들이 화면을 보는 방법이 저랑은 다르다는 걸 알았습니다. 제가 5개 볼 동안 아이들은 20개를 보는 겁니다. 그중에서 자신이 원하는 것이 어디에 있는가만 딱딱 짚고 넘어가는 겁니다.

같은 검색을 해도 저는 찬찬히 위에서 아래로 텍스트를 다 보려고 합니다. 결국 부모 세대는 종이책이 너무 익숙해서 종이책 중심으로 사고하는 상황인 것입니다. 솔직히 말하면 저도 종이책 이 너무 익숙합니다. 저도 일종의 책 중독자라서 1년에 아무리 못 읽어도 50권은 읽는데, 우리 애들은 대학생인데도 1년에 5권도 안 읽습니다. 강좌당 기본교재가 있는데, 기본교재도 잘 안 읽습니다. 그런데 '어떻게 수업을 따라 갈까?' 하고 관찰해보면 다 인터넷 상 에서 찾아서 자기가 필요한 것만 딱딱 조합해서 과제를 끝내고 시 험도 봅니다. 기본교재는 선생님이 사라고 하니 중고 책이나 선배 가 쓰던 거 받아 사용하고, 중고 책도 학기 끝나면 팔아버립니다.

제가 대학교 다닐 때는 상상할 수 없는 일이지요. 지금 부모 세대 중에는 심지어 50세가 넘어서도 집에 대학교 때 전공서적 가 지고 있는 사람들이 많습니다. 책에 대한 태도의 이런 변화에 대해 처음에는 제 아이들이 문제가 있다고 생각했습니다. 그래도 '자기 전공 분야 기본교재들은 가지고 있어야 되는 거 아닐까?' 이런 생 각을 했는데, 현실은 전혀 그렇지 않습니다. 오히려 아이들이 왜 그 책들을 가지고 있어야 하느냐고 되묻는데, 할 말이 없었습니다. 이

건 좋냐, 나쁘냐 하는 문제가 아니고, 애들이 어떻게 행동하는가에 대해 진지하게 고민해야 하는 문제입니다. 책에서 찾는 것보다 인터넷 검색이 더 빠른 세상이 되었기 때문입니다.

물론 모든 도구는 긍정적 측면과 부정적 측면을 동시에 가지고 있습니다. 이 부정적인 면을 극복하는 것, 혹은 그 부정적인 면을 긍정적인 것들로 전환시키는 일도 결국은 아이가 수행해야 될 일이지, 부모가 하라고 강제해서, 혹은 어른들이 금지한다고 해서 되는 일이 아닙니다. 설령 일시적으로 되는 것처럼 보일지라도 그건 일시적인 모습에 불과하고 오히려 장기적으로는 더 부정적인 효과를 강화할 뿐이라는 생각입니다.

아이가 초등학교 때 시도하고 실패하는 경험을 하는 경우, 피해는 아주 작습니다. 그런데 아이가 대학생 때 그랬다면, 그 피해가 아마 10배가 될 것입니다. 이 아이가 사회인이 돼서, 40대 후반에 그랬다면 그 피해는 아마 100배가 되겠죠. 결국은 실패하는 것도 아이가 배우는 과정이고 그 속에서 스스로 힘을 키우게 하는 게 교육의 궁극적인 목표인 것이지 겉모습을 보기에 좋게 만드는 게 교육은 아닐 것입니다. 결국은 아이들 스스로 해결해야 될 문제입니다. 다만 어른들이나 선생님들이 해줄 수 있는 건 옆에서 애정을 가지고 지켜봐주는 일이고, 그것이 위험하지 않은 상태에서 이루어지게끔 도와주면 된다고 생각합니다.

부모가 가져야 할 6가지 지혜

••• 문지기 역할을 내려놓자

많은 부모와 교사가 아이들이 변하지 않는다고 말합니다. 아이들의 변화 가능성을 불신하는 것이죠. 부모나 타인의 관점에서 생각할 때는 아이가 변하지 않는다고 말할 수 있겠지만, 아이의 입장에서 보면 아이는 끊임없이 변하고 있습니다. 사실은 날마다 생각도 변하고 몸도 변하고 모든 게 변하는데, 아이가 변하지 않는다고 생각하는 건 부모나 교사 본인이 변하지 않기 때문이 아닐까요?

　부모나 교사들이 "아이들이 변하지 않는다"고 말하는 건 아마 이런 경우일 것 같습니다. "나는 재를 이렇게 바꾸고 싶은데, 아이가 그 방향으로 안 바뀐다!"는 뜻입니다. 그런데 아마 아이도 똑같이 생각할 것입니다. "선생님은 안 바뀌는 사람이다. 엄마, 아빠는 안 바뀌는 사람이다. 왜 나한테 계속 저러나?"라고 말입니다. 그러니 서로가 서로를 바라보면서. 상대가 내가 생각하는 '바람직한 방향'으로 안 바뀐다고 생각할 것 같습니다. 그러나 그 바람직하다는 것 자체가 매우 자의적이고, 독재적이라고 생각합니다.

부모가 자식이 변하지 않는다고 이야기하는 건 부모의 욕망에 아이가 따라오지 않는다는 뜻일 가능성이 높습니다. 그리고 선생님들은 자신의 욕망이 아니라 학교와 교육과정이 요구하는 것이라고 이야기할 수 있습니다. 아마도 국가의 욕망이거나 혹은 국가를 대리하는 자로서 얘기하고 있는 것이겠지요.

아이들이 스스로 욕망하고 그걸 다양한 방법으로 추구해가는 힘을 가지기 위해서는 시간이 필요합니다. 왜냐하면 끊임없이 강박과 금지를 당해 왔기 때문에, 욕망하는 법을 잊어버렸거나 욕망이 왜곡되었을 수도 있습니다. 우리가 조개를 사오면 "해감을 한다"고 하는데, 우리 아이들도 해감을 할 시간이 필요합니다. 이전 것을 다 뱉어내고 다시 시작할 시간이 필요한데, 부모는 옆에서 자꾸만 닦달을 합니다. 조개를 해감해보면 아시겠지만, 조개를 자꾸 건드리면 입을 딱 닫아버려서 절대 해감이 되지 않습니다.

포노사피엔스라는 새로운 세대를 양육하는 부모와 가르치는 교사가 준비해야 할 가장 중요한 역량은 무엇일까요? 저는 학부모님과 선생님들에게 아이들이 마음껏 유영할 수 있도록 게이트 키퍼gate-keeper 즉, 문지기의 역할을 내려놓으시라고 말씀드리고 싶습니다. 아이들 손에 스마트폰이 주어지면서 게이트는 이미 사라졌습니다. 그런데도 부모와 교사가 자꾸만 게이트 키퍼를 하려고 합니다. 결국은 없는 문을 지키려고 하는 것입니다. 아이들은 부모나 교사가 지키고 있는 문 말고도, 이미 수없이 많은 문을 알고, 그 문들을 열어놓고 있습니다. 그런데 부모나 교사가 '내가 지금 문을 지키고 있다'고 생각하는 건 눈을 감고 '세상이 없어졌다'고 생각하는 것과 다르지 않습니다.

···· '열공'을 원하면 욕망을 따라가게 하라

인생은 효율적인가요? 인간은 매우 효율성이 떨어지는 존재라고 합니다. 인간이 음식물을 흡수하는 비율이 40%가 안 된다고 합니다. 몸 상태가 조금만 안 좋아도 흡수율은 20%로 떨어집니다. 효율성의 측면에서 최상의 상태에 있을 때에도 효율이 40% 정도도 안 되는 인간은 매우 비효율적이라고 볼 수 있습니다. 그렇다면 인간 삶의 궁극적인 결론은 무엇일까요? 모든 생명체의 결말이 죽음이고, 효율성을 중심으로 생각한다면, 인간은 태어날 필요조차 없습니다. 이런 극단적인 예를 드는 이유는, 배움의 목적이 효율이 아니라 재미와 행복이라는 점을 강조하고 싶기 때문입니다.

배움은 삶의 가장 중요한 과정이기에 효율성이라는 관점에서 판단할 수 없습니다. 전문가들이 해당 분야의 지식을 체계적으로 정리한 내용을 '전방향식 학습forward learning'하면 효율적인 것처럼 보일 수 있습니다. 그러나 이는 절대 효율적이지 않습니다. 학습은 복사기가 복사하는 방식으로 이루어지지 않기 때문입니다. 복사기는 종이 위의 내용 전체를 한 번에 찍어서 복사를 하지만, 인간의 학습은 매우 선별적으로 이루어집니다. 다시 말해, 불균등 학습을 하는 것입니다. 똑같은 페이지에 나와 있는 똑같은 크기의 글자라도, 사람마다 자신의 눈에 들어오는 혹은 머리에 남는 글자, 단어, 개념이 다릅니다. 똑같은 과학책을 읽어도 어떤 사람은 매우 인문학적으로 내용을 이해하고, 어떤 사람은 매우 수리적으로 이해합니다. 같은 책도 어떤 사람은 감성적으로 느끼고, 어떤 사람은 분석적 개념으로 이해하기도 합니다.

우리가 어떤 분야의 지식을 "전방향식으로 체계적으로 정리했다"고 말하는 것은 누구의 관점에서 하는 것일까요? 바로 정리한 사람의 관점에서 말하는 것입니다. 그렇다면 공부하는 사람의 관점에서는 이 지식이 전방향식으로 보일까요? 관심이 없는 사람이 보기에는 허접한 지식의 무더기일 뿐일 겁니다.

이와 반대로 백워드 방식의 학습 즉, '후방향식 학습^{backward} ^{learning}'은 자신이 관심 있는 무언가에서부터 출발하는 방식입니다. 예를 들어, 지나가는 길에 꽃을 보고서 '이 꽃 되게 특이하네, 이 꽃이 마음에 드네'라고 생각하면 그 꽃에서부터 시작하는 것입니다. '찾아보니 개나리과라고 하네? 개나리과 꽃은 어떤 거지? 이게 무슨 말일까? 왜 '과'가 있는 거지? 학교나 전공인가?'라고 생각하는 방식이 백워드 학습법입니다.

어떤 방식이 더 오래 기억에 남고 활용도가 높을까요? 당연히 후방향식 학습법입니다. 후방향식 학습법은 가장 개인적이고 효율적이며 효과적인 학습 방식입니다. 더 중요한 건 가장 재미가 있다는 것입니다. 인간은 기본적으로 재미없는 활동을 하기 싫어합니다. "재미가 없어도 나는 잘하고 싶고 잘한다"라고 한다면, 사고방식이나 느낌, 심리 상태가 왜곡되어 있을 수 있습니다. 지금의 어른들은 사실상 그렇게 심리적 왜곡을 당하면서 살아왔습니다. 너무 익숙해서 자연스럽게 재미없는 일도 곧잘 하는 사람이 되어 있는 것입니다. 그러나 아이들은 심리나 행동이 관심과 재미 중심으로 형성되기 때문에 후방향식 학습이 전방향식 학습에 비해 수십 배 정도 효율이 더 높을 수밖에 없습니다.

학생 개개인의 공부 욕망, 즉 배우고자 하는 것 위주로 수업을 맞춰서 해야 합니다. 그런데 이에 반문하는 사람들도 있습니다. 그렇게 하면 아이들의 '지식이 너무 편협할 것 같다' 또는 '균형적인 인간을 양성하는 것이 교육의 목표가 되어야 하지 않는가'라는 등의 우려가 있습니다. 또 학교의 존재 이유와 역할의 관점에서 보면 학습자의 욕망과 관심에 초점을 두는 교육이 '정규 교육이 지향해야 하는 교육의 필수 요소들이 너무 도외시되는 것은 아닌가'라는 우려가 있습니다.

세상의 모든 지식은 편협합니다. 모든 생명, 인간 또한 편협하고 편중되어 있습니다. 아이가 두루두루 원만한 지식만을 갖추기 원한다면, 나중에 이 아이는 아무것도 못하게 될 수도 있다고 생각합니다. 마치 애가 지금 높은 데에서 떨어지려는 매우 위험한 상황과 비슷합니다. 건물 아래에 매트리스를 깔아야 하는데, 어디에 해야 할까요? 애가 떨어질 곳에 두껍게 깔아야 합니다. 그런데 편협하면 안 되니까 운동장에 넓고 얇게 매트리스를 깔면 이건 언제나 실패하는 전략입니다. 아이를 구할 수가 없으니까요.

특히 사람의 관심과 소질은 어느 한 곳에 편중되어 있습니다. 어떤 사람은 음악에, 어떤 사람은 미술에, 어떤 사람은 매우 논리적이고 개념적인 것들에, 어떤 사람은 매우 사회적이고 관계적인 면에 편중되어 있습니다. 심지어 동일한 체육 분야에서도 수영선수와 축구선수에 적합한 신체구조는 완전히 다릅니다. 결국 인간이 타고난 소질 자체가 편협한 것입니다. 아이가 한쪽만 좋아한다고 나무랄 게 아니라 "너가 그쪽에서 큰 사람이 되려나 보다"라고 격려해야 합니다.

동물들은 개체 간의 차이가 작습니다. 모두 그 집단 내에서 동일한 습성과 능력을 지니고 있지요. 동물에 비해 인간은 개인적인 차이가 매우 큽니다. 동물 집단의 평균이라는 관점에서 보면 인간은 동물 중에서도 가장 편협한 개체들로 이루어진 집단입니다. 아이가 모난 것처럼 느껴진다면 제대로 크고 있는 겁니다. 그래야 아이의 특징이 만들어지는 것 아니겠습니까?

아이가 욕망을 따라가면 아이를 망칠 거라고 걱정할 필요가 없습니다. 아이들도 현실 속에서 자신의 욕망을 추구하는 과정에서 계속 부딪히며 알게 됩니다. '이거 내가 잘못한 거구나'하고요. 그럼 다시 수정해 재시도하는 과정을 거쳐 자신만의 길을 만들어갑니다. 그 과정을 허용해 주기만 하면 대부분의 아이들은 잘 해냅니다. 그러니 아이가 또는 아이가 가는 그 길이 편협하다고 걱정하지 않아도 됩니다.

본래 공부는 매우 재미있는 활동입니다. 그런데 공부를 사람들은 왜 싫어할까요? 여러 이유 중의 하나는 필사지식 시대와 인쇄지식 시대의 공부가 매우 지겨웠기 때문입니다. 필사지식 시대에는 싫건 좋건 여러 가지 경전을 통째로 외워야 했습니다. 인간의 뇌는 기본적으로 기억장치storage가 아니라 처리장치processor이기 때문에, 경전을 통째로 외우는 과정은 굉장히 고통스러운 일이었을 것입니다.

인쇄지식 시대로 넘어오면 도서관에서 필요한 지식을 찾기 위한 오랜 시간의 훈련이 필요했습니다. 많은 책 속에서 기지고 놀고 싶은 것들을 모으는 과정 자체가 복잡하고 어려웠던 것입니다. 디지털 네트워크 지식 시대에서는 인공지능 기반 검색 엔진 덕분에 이런 과정이 확연히 줄었습니다. 이제는 지루한 준비과정이나 기초과정 없이 바로 지식과 정보를 가지고 놀 수 있는 세상이 왔습니다.

아이들은 놀이와 유희로서의 학습 그리고 노동을 추구합니다. 부모 세대와 비교해 생각해보면, 놀이와 유희가 아니면 직장을 더 이상 다닐 이유가 없다고 생각하는 아이들이 자꾸 늘어나고 있습니다. 학습도 마찬가지 상황입니다. 아이들은 재미없고 지루한데 왜 배워야 하냐고 되묻습니다. 아이들은 오히려 학습과 노동, 모두에서 재미와 놀이의 가능성을 이미 보고 있는 것입니다. 그렇기에 추구하는 것입니다.

그런 의미에서 《차라투스트라는 이렇게 말했다》에서 니체가 말했던 바, 모든 인간이 고역을 참아내는 낙타의 단계, 생존을 위해 모두와 싸워야 하는 정글의 사자 단계를 지나서, 어린아이와 같이 재미와 놀이를 추구하면서 살 수 있는 세상이 되었다고 할 수 있습니다. "학습에서부터 노동까지, 인간 삶의 모든 영역에서 그런 세상이 펼쳐지고 있다"는 점을 포노사피엔스는 알고 있습니다.

"사람이 변하면 죽는다"는 말이 있을 정도로 고정 관념을 깨는 일은 매우 어렵습니다. 부모 세대가 가지고 있는 변화에 대한 거부감과 반감은 현재의 부모들만의 문제는 아닌 것 같습니다. 비디오 대여점이 전성기였던 시절, 빌려온 테이프를 넣고 돌리면 항상 앞부분에 공익광고가 있었습니다. "호환, 마마보다도 무섭다"는 비디오에 대한 경고였습니다.

그 비디오를 보고 자란 세대인 박찬욱, 홍상수, 봉준호, 황동혁 등 한국 감독들이 우리나라 미디어 업계를 휘젓고 있을 뿐만 아니라, 세계적인 수준으로 우리나라 엔터테인먼트 산업을 끌어올렸습니다. 《미나리》, 《기생충》, 《오징어 게임》, K-드라마, 한류로 말입니다. 호환 마마보다 무섭다고 걱정했던 그 비디오들을 보면서 자란 세대들이 이룬 기적들입니다.

부모는 자신의 경험을 바탕으로 아이들에게 더 좋은 비전과 더 좋은 세상을 주고 싶어 합니다. 그러나 이미 멀리 바다에 나가 있는 아이들을 보지 못하고, 계속 우물가에서 "바다에 가면 위험해"라고 하며 걱정만 하는 경우가 많습니다. 1990년대, 나라가 망조가 들었다고 걱정하던 목소리가 지금도 제 귓가에 생생합니다. 그 시절, 우리사회의 핵심 세력인 50대~60대 분들이 한숨과 열변을 섞어가면서 "모든 애들이 다 연예인 되고 싶다고 하니, 이게 말이 되느냐", "세상이 망하려나 보다!"고 걱정했었습니다. 그 세대가 지금의 BTS 세대, K-pop 세대입니다. 이렇듯 자녀들은 부모를 앞서 나갑니다. 부모 세대는 자녀 세대가 살아가는 환경을 걱정하지 말고, 그들의 인생을 있는 그대로 인정해주어야 합니다.

빌 게이츠도 잡스도 자신의 자녀들에게는 스마트패드를 못 쓰게 했다는 등의 얘기를 들으면 근사해 보이기도 합니다. 하지만 다음과 같은 사실을 아셔야 합니다. 현재 대부분의 미국 학교는 수업에 스마트패드를 가지고 오게 합니다. 미국의 학교는 이미 수십 년 전부터 모든 교실에서 학생들이 전자계산기를 활용하도록 했습니다. 디지털 네트워크 인프라나 하드웨어에서는 가장 앞서 있다고 자부하는 대한민국의 학교는 오히려 디지털 전환이라는 측면에서는 뒤떨어져 있습니다. 뛰어난 디지털 인프라와 하드웨어를 수업과 학습에 잘 활용하지 못하고 있기 때문입니다.

하나의 목적지를 가는 여정에는 다양한 길들이 있습니다. 세상길은 오솔길도 있고 큰 길도 있습니다. 그런데 서로 다른 길을 인정하지 못하고 "저기까지는 꼭 이 길로 가야해"라고 강요하고 있다는 생각을 해봅니다. 저도 근면, 성실을 평생 모토로 삼고 살았는데, 어느 날 문득 이런 생각이 들었습니다. '이렇게 열심히 살다가 끝은 어디지?' 끝은 죽는 것이었습니다. 열심히만 살다가 죽으면 아무것도 못 보고 죽는 것이구나! 그래서 좀 덜 성실하고, 덜 근면하고, 옆도 보고 뒤도 보고 멈춰도 보고! 오히려 지금 부모들에게 이런 생각이 더 절실한 듯합니다. 모든 부모가 "근면, 성실, 철저히!"라고 외치면 부모도 힘들지만 아이들은 더 힘듭니다.

욕망이라는 표현을 자주 쓰는 이유는 우리 사회의 엄숙주의 혹은 욕망을 저속하게 보는 문화나 태도에 대해 반대하기 위해서입니다. 개인적으로나 사회적으로나 개개인의 욕망을 존중하지 않는 문화는 한국 사회가 매우 강한 것 같습니다. 욕망이라는 것을 부도덕하거나 혹은 이기적이라는 개념과 연관지어 사고하는 것 같습니다. 이를 바꾸고 싶어 일부러 '열정'이 아닌 '욕망'이라는 표현을 계속 쓰고 있습니다.

부모도 스스로의 욕망을 존중할 줄 알아야 하는데, 부모 세대는 끊임없이 욕망을 절제하고 죽이도록 요구받았고, 또 그래야 한다고 생각하는 것 같습니다. 그러다 보니 아이들을 대할 때도 욕망을 직시하거나 중시하기보다 사회에서 중요시하는 가치인 돈, 학력, 명예 등을 추구하는 것 같습니다. 저는 그런 문화와 행동에 정면으로 반대하고자 합니다. 부모나 자녀나 자신의 욕망에 충실해야 한다고 생각합니다. 다만 자신의 욕망이 타인의 욕망과 충돌하는 지점에서 시민성이 필요하고, 그때 대화와 소통의 과정이 시작되어야 합니다. 대화와 소통은 각자의 욕망이 서로 용납되기 어려운 상황에 직면했을 때, 그 갈등관계를 평화롭게 해결하기 위해서 필요한 수단이라고 생각합니다.

그럼 어떻게 아이들의 열정을 불러일으킬 것이냐고 묻는다면, 아이들의 욕망을 그대로 인정해주는 일에서 시작해야 한다고 말하고 싶습니다. 아이가 무언가 하고 싶은데, 부모가 "그건 쓸데없는 거야. 저속한 거야" 혹은 "그건 가치가 없는 거야"라고 얘기하는 순간, 아이들은 더 이상 욕망하기를 포기하고 욕망하지 않게 됩니다. 욕망이 없는 열정은 불가능합니다. 저는 어른들이 "솔직해지자. 그리고 수용적이 되자. 아이가 무엇을 욕망하든 그것이 반사회적이거나. 옆에 있는 사람을 괴롭히거나 해치는 것이 아니라면, 그 자체로 인정해주자"라고 스스로 되뇌었으면 합니다. 어른들이 바뀌면 열정 있는 아이들은 엄청 많아질 겁니다.

어떤 부모는 욕망에 등급을 매기기도 합니다. "그건 훌륭한 거야, 그건 하찮은 거야, 너는 그런 거 말고 저런 훌륭한 일을 해라"고 말합니다. 여기서부터 부모와 자녀가 서로 엇나간다고 생각합니다. 어른이 보기에 아무리 하찮아 보이는 것도, 아이들에게는 큰 의미가 있을 수 있기 때문입니다.

세상에서 하찮다고 여겨지는 것을 대단한 것으로 만드는 사람들이 위인이라고 저는 생각합니다. 아이가 하찮은 것에 관심이 있다면 위인이 될 싹수가 있는 겁니다. 뉴턴이 떨어지는 사과와 같은 것에 관심이 있었듯이, 아인슈타인이 '만약 사람이 빛과 같은 속도로 날아갈 수 있다면 어떤 일이 일어날까?'라는 상상을 했던 것처럼, 잡스가 거대한 컴퓨터만 있던 시대에 책상 위에 놓을 수 있는 작은 컴퓨터에 대한 생각을 붙잡고 있었던 것처럼 말입니다.

아이들이 소위 '중요한 것'에 관심이 있는 건 부모의 눈치를 보는 것입니다. 부모에게 인정받기 위해 자신도 그것이 중요하다고 생각하고, 그것을 할 거라고 말하는 것입니다. 이미 아이가 부모의 욕망에 포섭되면서 서서히 노예의 길로 들어서는 것입니다. 부모들이 하찮게 여기는 것에 관한 욕망을 자유롭게 표현하는 아이들이 오히려 건강한 아이입니다.

욕망에 관한 장자의 이야기로 이 장을 마치려고 합니다. 장자는 제자들을 데리고 길을 가다가 매우 크고 구불구불한 나무를 보았습니다. 한 목수가 그 나무를 이리저리 재보더니 쓸데가 없다면서 그냥 가버렸습니다. 이를 보고 장자는 제자들을 바라보며 그 나무가 오히려 쓸모가 없어서 자신의 삶을 충분히 누릴 수 있었다고 말했습니다.

그날 저녁에 한 집에 머물렀는데, 주인이 거위를 잡아 상을 차리려고 하인에게 거위를 잡아오라고 하니, 하인이 "잘 우는 거위와 울지 못하는 거위 중 어느 것을 잡을까요?"라고 물었습니다. 주인은 당연히 울지 못하는 거위를 잡으라고 지시합니다.

다음 날, 한 제자가 "나무는 쓸모가 없어 천수를 누리고, 거위는 쓸모가 없어 죽임을 당하니, 선생님께서는 어떻게 하시겠습니까?" 하고 묻습니다. 장자는 "나는 쓸모없음과 쓸모 있음 사이에 머물겠다(處乎材與不材之間)"고 답합니다.

제자의 물음에 대한 장자의 답은 매우 모호한 측면이 있습니다. 장자의 주장을 잘 이해하지는 못하지만, 제 나름으로 욕망의 관점에서 해석해볼까 합니다. 나무는 자신의 욕망대로 자라납니다. 그러나 욕망이 타인의 욕망을 충족시키는 쪽으로 전개되면 곧 타인의 부림을 받거나 타인에 의해 자신의 삶을 제지당하는 처지에 놓입니다. 곧게 잘 자란 나무는 인간의 욕망에 부합하게 자라난 것입니다. 다시 말하면 인간의 욕망을 충족시키는 방향으로 곧게 자라난 나무는 곧바로 잘려나갑니다. 그런데 구불구불 마음대로, 자신의 욕망에 충실하게 자란 나무들은 결코 타인의 욕망에 맞춰지지 않습니다. 타인의 욕망에 지배받지 않고 스스로의 삶을 제대로 살아갈 수 있는 것입니다.

같은 맥락으로 인재^{人材}가 되기를 거부해야 합니다. 본래 인재는 자신이 타고난 소질과 재능을 잘 가꾸어가는 사람입니다. 인재는 스스로 욕망하고, 자신만의 삶을 살아갑니다. 자신의 재능을 갈고 닦아 높은 경지로 고양시킵니다. 그러나 자본주의 시장경쟁 사회에서 인재는 자본의 재료, 타자의 욕망을 충족하는 재료로 사용되는 인간, 타인의 용도에 쓸모 있는 인간이 되고 말았습니다. 인간이 자신의 욕망에 충실하게 삶을 살아가면 현대 사회에서는 인재가 될 수 없습니다.

장자의 우화에 나오는 거위를 생각해보십시오. 이 거위는 인간의 욕망을 충족시키는 쓸모 있는 특성으로 인해 인간의 삶을 충족하는 재료, 즉 인재가 되었습니다. 인재의 처지에 놓이니, 그 목숨이 주인의 욕망을 충족시키는 정도와 쓸모에 달렸습니다. 살아 있는 거위는 크게 울어 집을 지키는 역할을 해야 하는데 주인의 욕망을 충족할 수 없으면 거위를 기다리는 건 죽음밖에 없습니다. 극심한 경쟁 중심 사회에서 수많은 인재들이 쓸모 있었던 기간이 종료되고 '쓸모없음'이라는 딱지를 받는 순간, 울지 못하는 거위처럼 거리로 내몰리는 모습을 수없이 보지 않았습니까?

당신은 타인의 욕망을 충족시키는 인재가 되고 싶나요? 당신의 자녀가 자본의 욕망을 충족시키는 유능한 노동력으로 시장의 인재가 되기를 바라나요? 타인의 욕망을 충족시키는 '노예의 길'을 멈추고, 자신의 욕망에 충실하게 살아갈 수 있는 용기를 자녀에게 베풀어야 합니다. 자녀를 존중하고 '자유의 길'을 가도록 도와야 합니다. 이것이 포노사피엔스 부모와 스승이 가져야 할 첫 번째 요건입니다.

부모가 가르쳐야 할 6가지 핵심역량

어린 시절, 저는 동네 아이들을 참 좋아했습니다. 골목에서 동네 아이들을 데리고 노는 걸 자주 본 어머니는 "그렇게 아이들 좋아하면 딸을 낳는다더라. 너는 나중에 딸만 낳으려나 보다"라고 말씀하셨습니다. 그래서는 아니겠지만 공교롭게도 저는 딸만 둘입니다. 그리고 아이들을 좋아하는 성격 때문에 교육 분야에서 일하고 있는지도 모르겠습니다.

　첫애를 낳고, 아이가 말을 하기 시작할 때쯤에 마음속으로 생각을 해봤습니다. '이 아이도 결국은 언제부터인가는 제가 스스로 살아가야 한다. 그럼 내가 이 아이를 데리고 있는 동안 무엇을 가르쳐주어야 하고, 해줄 수 있을까?' 첫째 아이가 1997년생이니 아마 1999년 무렵이었을 것입니다. 그때 세상에서 중요한 것들의 목록과 순서를 정리하고 그것들을 잘 관리하면서 사는 법을 가르쳐야겠다는 결론에 도달했습니다. 스스로 목록과 순서에 대해서 생각해보고 다음과 같이 정리했습니다.

1. 세상에서 중요한 것들: 돈-물건-시간-몸과 마음-사람과의 관계
2. 중요한 순서: 뒤로 갈수록 중요하지만 얻기가 어렵다!

목록과 순서를 잘 정리하는 일과 아이들을 가르치고 스스로 깨치도록 하는 일은 전혀 별개의 일이었습니다. 아이들과 살아가면서 제가 직접 가르칠 수 있는 기간이 길지도 않을 뿐더러 아이가 가르친 대로 다 배우는 것도 아닙니다. 그래도 시도하지 않을 수 없는 일이니 오랜 기간에 걸쳐 순서대로 가르쳐야겠다고 생각했습니다.

생각해보니 제 인생에서도 매우 중요한 것들이었습니다. 저도 아직 배우는 과정에 있을 뿐인 것입니다. 요즘처럼 모든 지식과 정보가 디지털화되고 네트워크로 연결되는 포노사피엔스 시대에

는 자신의 삶에서 중요한 것들을 제대로 관리하고 운영할 수 있는 역량이 매우 중요하다고 생각합니다. 그래서 포노사피엔스 자녀들을 위한 '핵심역량 기르기'에 대해서 간단히 공유하고자 합니다.

•••• 핵심역량 1: 스스로 자기의 돈과 물건 관리하기

대부분의 50~60대가 그렇듯 저도 어려서 매우 가난하게 살았습니다. 초등학교 4학년이 되어서야 집에 전기가 연결되었습니다. 수도는 도시로 이사를 하고 나서야 처음 사용하게 되었습니다. 그전에는 냇물을 큰 통에 떠놓고 하루 이틀 지나 물속의 분순물이 가라앉고 나면 위의 맑은 물을 떠서 먹고 살았습니다. 밤에는 호롱불을 켰습니다. 매일 밤 아버지는 호롱불을 켜놓고 잠드는 일이 없도록 하라고 단속을 시켰습니다. 호롱불을 켜놓고 잠이 들었다가 발로 차서 엎기라도 하면 불이 나는 위험한 상황이 될 수 있으니까요.

시골에서 가난하게 살다 보니 용돈이라는 것을 받아본 적도 요구한 적도 없었습니다. 그런데 초등학교에 다니게 되면서, 학교 앞에 있는 가게들을 지날 때면 항상 수많은 유혹에 마음이 끌려드는 것은 어쩔 수가 없었습니다. 초등학교 4학년 무렵, 아버지 가방에서 돈을 훔쳐 가게에 가져다주곤 했는데 결국 들통이 나서

죽도록 맞고 다시는 그런 일이 없도록 하겠다고 아버지께 빌고 또 빌었습니다.

그 약속을 지키는 일이 그렇게 만만한 일은 아니었습니다. 그 시절 많은 분들이 비슷한 경험이 있겠지만 일명 책값 '후려치기', 혹은 책값 '삥땅'이라는 것을 고등학교 때도 가끔 했습니다. 이 시절을 거치면서 저는 '나중에 아이들이 생기면 반드시 용돈을 주겠다'고 다짐했습니다. 부모-자식 간의 관계가 이런 하찮은 것을 두고 서로 속이고 속는 관계가 되어서는 안 된다고 생각했기 때문입니다.

또 하나의 이유는 제가 대학에 입학하고 집을 떠나 혼자 살게 되었을 때, 겪었던 혼란 때문이었습니다. 대학교 때 생활비를 부모님께서 정기적으로 보내주시고, 또 학생을 가르치는 일을 해서 매달 일정한 금액의 수입이 있었는데도, 그걸 관리하는 방법을 몰라 항상 돈이 없이 생활하는 처지에 놓였습니다. 그렇게 하면 안 된다는 것은 잘 알고 있었지만, 부모님께서 보내주신 돈을 받거나 과외비를 받고 나면 한주일도 안 되어 다 써버리고는 한 달 중 한두 주는 돈이 없어 쩔쩔 매며 생활하기를 몇 년간 반복했습니다. 그러면서 조금씩 돈을 관리하는 법을 스스로 배워나갔는데, 많은 어려움을 겪고 난 다음이었습니다.

또 다른 하나의 계기는 결혼하고 보니, 아내가 전혀 경제관념이 없고, 돈 관리에 대해 너무 모른다는 걸 알고 받은 충격 때문에 아이들에게는 돈 관리하는 방법을 꼭 가르쳐야겠다고 생각했습니다.

첫째 아이가 네 살이 되었을 무렵부터 용돈을 주기 시작했습니다. 처음에는 한 주에 1,000원을 주었습니다. 네 살짜리가 돈에 대한 관념이 있을 리가 없었지요. 당연히 아이는 돈을 아무데나 버려두고 다녔습니다. 그러다가 하루는 가게에 들렀는데 사탕을 사달라고 졸랐습니다. 그래서 "아빠가 준 돈이 거실과 방에 굴러다니던데, 그것을 가져와야 사탕을 살 수 있어"라고 했습니다. 그 뒤로 아이는 돈으로 가지고 싶은 것을 살 수 있다는 것을 잘 알게 되었습니다. 그 뒤로는 차츰 제가 준 용돈을 자신이 중요하게 여기는 물건들과 함께 보관하는 버릇이 생겼습니다. 물론 시간이 좀 걸리긴 했습니다.

그 아이가 숫자를 세고 글을 쓸 줄 알게 될 무렵이 아마 초등학교 1학년 때쯤이었을 겁니다. 용돈도 한 주에 5,000원으로 올려주고, 용돈 기입장을 잘 정리해서 매달 말에 기입장의 액수와 아이의 지갑에 있는 돈이 정확하게 맞으면 상금으로 3,000원씩 준다고 하면서 용돈기입장 정리하는 법을 가르쳤습니다. 초등학교 5학년 때쯤에는 아이들 이름으로 은행통장을 만들어주고 쓰고 남은 돈을 통장에 입금하는 법을 알려주었습니다. 이 때 그동안 돌 반지, 세뱃돈 등등 모아놓은 것을 함께 입금해주었습니다. 매달 말 용돈

기입장, 통장, 지갑에 있는 돈이 10원 단위까지 맞으면 상금을 주곤 했습니다. 몇 달이 지나지 않아 아이들은 익숙하게 용돈관리, 통장관리 등을 해냈습니다.

초등학교 고학년부터는 용돈을 5만 원 정도로 올려주고, 학용품, 간식, 액세서리 등을 모두 자기 용돈에서 스스로 결정해 사도록 했습니다. 옷이나 신발은 50% 매칭제matching system를 도입했습니다. 아이들이 사고 싶은 옷이나 신발을 선택하면 제가 절반의 가격을 지불하는 방식이었습니다. 무작정 좋고 비싼 것만 집어드는 것을 방지하기 위한 조치였는데, 매우 효과적이었습니다.

중학생이 되어서는 체크카드 발행이 가능한 나이가 되는 14세 때부터 체크카드 사용법을 알려주었습니다. 그 뒤에는 통장 입출금 확인법과 인터넷 뱅킹을 가르쳤습니다. 중학생이 되면서부터는 용돈을 10만 원으로 올려주고, 신변잡화를 모두 용돈에서 알아서 처리하도록 했습니다. 다만 책은 사달라는 대로 다 사주기로 했는데, 사달라는 말을 별로 안 했습니다. 이때부터 이미 아이들은 책보다는 스마트 기기나 멀티미디어에 더 익숙해져 있었습니다.

이렇게 했더니 첫째 아이가 티셔츠를 10년 입고, 신발을 3년 신고, 학용품은 필요한 것만 사는 짠돌이가 되어 있었습니다. 둘째도 무척 아껴 쓰지만 첫째에 비하면 큰손입니다. 둘째도 신발이나 옷을 살 때는 고르고 또 골라 삽니다. 이제는 아이들 돈 쓰는 일에 대해서 저는 전혀 말하지 않고 아이들 스스로 알아서 합니다. 가끔 학용품이나 옷 등을 하나씩 사주면 무척 고마워합니다. 제가 돈이 필요할 때면, 아이들이 그동안 모은 돈을 백만 원 단위로 빌려 쓰기도 합니다. 이자는 백만 원 당 월 5,000원을 주고 있습니다. 연이율로 따지면 약 6%정도 되는 셈입니다.

•••• 핵심역량 2: 시간 관리 능력

사람이 가진 것 중에서 매우 중요한 것이 시간입니다. 시간은 누구에게나 동일하게 주어집니다. 물론 한 사람이 가진 시간의 총량은 사람마다 다릅니다. 오래 사는 사람이 있고, 일찍 세상을 떠나는 사람도 있으니, 주어진 하루하루의 시간은 다 같지만 사람마다 시간의 총량, 평생의 시간 길이는 다르다고 볼 수 있습니다. 그런데 이건 스스로 자신의 몸과 삶을 어떻게 관리하느냐와 연관성이 가장 높습니다.

가끔은 두 아이와 아내에게 시간 관리와 사용의 중요함을 역설합니다. 잔소리가 되지 않도록 노력하지만, 잔소리가 되고 있을 것입니다. 돈이나 물건을 사용하지 않으면 저축이 되지만, 시간은 저축이 되지 않기 때문입니다. 그러니 시간은 쓸수록 저축이 되는 셈입니다. 그래서 어떤 사람은 하루에 16시간을 저축하지만, 어떤 사람은 한 시간도 저축을 못하는 일이 생기고 이런 일이 한 달, 일 년, 수십 년 동안 쌓이면 서로 비교할 수 없는 차이가 벌어집니다.

아내에게 시간 관리법을 가르친 것은 연애할 때입니다. 아내가 대학원 입학준비를 한다고 하는데, 날마다 준비한다고 말만 하지 실제로 뭔가를 하는 모습을 볼 수가 없었습니다. 그래서 하루는 뭘 어떻게 준비하느냐고 물었더니, 영어, 전공, 교육학 등을 공부해야 하는데 무엇을 어디에서 시작할지 몰라서 차일피일 미루고만 있다고 했습니다. 그래서 저는 바로 종이와 연필을 들고 준비해야 하는 일의 목록, 각각의 분량, 시험일까지 남은 시간과 그중에서 집중해서 공부할 수 있는 날짜 수와 시간 수 등을 적었습니다. 그러고 나서 과목의 경중을 분류하고, 선후를 결정한 다음, 시험 준비 계획 및 일정표를 짰습니다. 물론 아내에게 하나하나 물어가면서 정리를 같이 해주었습니다. 아내는 그해에 대학원 입학시험에 합격해서, 다음 해부터 교원대 석사과정에 2년 파견훈련을 나갔습니다.

아이들이 말귀를 알아들을 때부터는 시간에 대해 늘 이야기했습니다. 시간이 어떻게 지나가는지, 시간이 물건과 어떻게 다른지, 시간을 잘 활용해서 우리가 무엇을 할 수 있는지 등에 대해서 명시적으로 혹은 맥락 속에서 이해할 수 있게 이야기했습니다. 아이들이 학교 숙제나 프로젝트를 할 때, 중간고사나 기말고사 시험 준비를 할 때, 방학공부 계획을 세울 때면 함께 종이를 놓고 앉아서 활용 가능한 시간 총량을 계산해보고, 해야 할 일의 경중과 분량, 선후를 구분해본 다음에 함께 계획을 세워주었습니다. 그리고 계획을 세울 때는 항상 20% 이상 여분의 시간을 남겨두도록 했습니다. 일이 밀리거나 장애를 만나면 보충할 수 있어야 하고, 만약 잘 진행이 되면, 여유시간을 활용해서 탁월함을 추구할 수 있는 기회를 잡을 수 있기 때문입니다.

물론 아이들이 잘 따라오지만은 않았습니다. 그래도 아이들이 고등학교를 졸업할 때까지 자주 시간 관리에 대해 함께 이야기하고 도와주었습니다. 인생에서 시간을 관리할 줄 안다는 것은 자신의 운명을 관리할 줄 안다는 이야기와 거의 같은 말이라고 생각합니다. 이제 두 아이 모두 스스로 시간계획을 짤 줄 압니다. 연초에, 2학기 시작할 즈음에, 중요한 시험이나 프로젝트, 과업이 있을 때마다 스스로 계획을 세웁니다.

아이들이 한글을 삐뚤빼뚤 쓸 줄 알 때부터, 매년 연말 연초에는 가족이 함께 여행을 가거나 아니면 근처 카페라도 가서 하루 저녁은 꼭 지난 한해를 돌아보고 새해의 계획을 세우는 시간을 가집니다. 초등학교부터 고등학교까지는 함께 만든 '한해 돌아보기'와 새해 계획을 돌려가면서 읽어보고 서로 설명하는 시간을 가졌지만, 아이들이 대학생이 된 다음부터는 함께 각자 자기의 계획을 세우고 나서 전체적인 큰 방향만 함께 나누는 방식으로 바꿨습니다. 여름 가족여행을 가면, 하루 정도는 반년 동안 지나온 생활과 2학기 생활할 것들에 대해 함께 이야기를 나누는 시간을 가집니다.

아이들에게 시간 관리에 대해 가르칠 때 강조한 것들은 크게 네 가지입니다. 먼저 전체 그림을 그릴 줄 알아야 합니다. 전체적으로 자신이 할 일, 하고 싶은 일이 무엇이고, 활용할 수 있는 시간이 어느 정도인지 대략적으로 그려볼 수 있어야 합니다. 또한 누구에게 도움을 받을 수 있는지도 점검해야 합니다. 나아가 자기가 목표로 하는 지점에 대해 스스로 설정할 수 있어야 합니다.

두 번째는 자신이 가진 것들을 어떻게 배치하고 활용할 것인지를 알아야 합니다. 보다 효율적이고 체계적으로 사용하는 법을 고민하고 스스로에게 맞는 방법을 찾기 위해 노력하고, 장기적으로는 스스로의 방법을 만들어내야 합니다.

세 번째는 일찍 시작하고 항상 여유와 의외의 일에 대비할 수 있도록 계획을 세우고 관리해야 합니다. 뒤늦게 시작하면 아무리 계획이 훌륭해도 목표를 달성하기 어렵고 스스로도 스트레스를 받습니다. 이 때문에 동일한 결과를 얻어도 즐겁지 않고 과정도 매우 고통스러워집니다. 일찍 시작해야 하면 전체 일정도 여유가 있고, 과정도 즐겁게 진행됩니다. 그리고 항상 여유시간을 계획에 넣어야 합니다. 실제 할 일은 80% 이하로 계획을 하고 20% 정도는 항상 여유시간으로 확보해야 합니다. 항상 의외의 일은 생기는 법이니까요.

네 번째는 집중하는 습관을 길러야 합니다. 건성으로 다섯 시간하는 것보다 집중해서 한 시간 수행하는 것이 훨씬 생산성이 높습니다. 따라서 집중할 수 없을 때는 방해요인에 대한 대비와 처리 방안을 점검하고 다시 시작해야 합니다. 어중간한 상태로 일을 한다고, 공부한다고 앉아 있어도 소모적일 뿐입니다. 스스로 집중하는 방법을 터득하는 것도 중요하고, 주변을 잘 정리해 집중도를 높일 수 있도록 대처하는 것도 중요합니다.

••• 핵심역량 3: 평생의 주춧돌, 몸을 건강하게 관리하기

어릴 적엔 의사가 되고 싶다고 생각했습니다. 어머니께서 항상 아프셨기 때문입니다. 어머니께서 자주 아프셔서 깜깜한 시골길을 걸어 면소재지에 있는 약국에 들러 잠든 약사를 깨워 약을 받아 오던 기억이 생생합니다. 저도 어려서 몸이 건강한 편은 아니었습니다. 무슨 이유인지는 모르겠지만, 어려서 머리에 부스럼이 엄청 나서 머리를 기를 수가 없을 정도였습니다. 머리가 조금만 길어도 바

리캉으로 박박 밀었고, 초등학교 3학년 때는 학교에 가기 전에 의원에 들러 엉덩이에 주사를 한 대씩 맞고 등교했습니다. 도시로 이사를 와서는 어느새 부스럼이 자연스럽게 없어졌는데, 아마 식생활이 달라졌기 때문일 것입니다.

당시에 제가 살던 곳은 김제 동진강 하구 근처였는데, 양식을 하지 않아도 갯벌에 꼬막과 조개, 바지락이 무척 많았습니다. 주말에는 부대를 들고 가서 바지락, 조개와 꼬막 등을 잡아오곤 했습니다. 멀리 나가서 욕심껏 잡아 부대에 가득 차게 담았다가 걸어 나오면서 너무 무거워 들고 올 수가 없다는 점을 깨닫고 결국은 절반을 버리고 오기 일쑤였습니다. 그러다 보니 반찬은 항상 조개 종류와 채소가 대부분이었습니다. 최근에 제가 해산물 알레르기가 있다는 것을 알았는데, 어쩌면 이 알레르기 때문에 부스럼으로 고생을 한 게 아닌가 하는 생각이 들더군요.

그래서인지 저는 건강에 매우 신경을 쓰게 되었습니다. 스스로 자기 몸에 대해 잘 알고 관리할 줄 알아야 한다고 생각했습니다. 아이들이 어릴 때 먼저 가르친 것은 '먹으면 안 되는 것'을 알게 하는 것이었습니다. 가장 먹지 말아야 할 것이 불량식품입니다. 저는 대부분의 스낵이나 패스트푸드가 불량식품이라고 생각합니다. 소위 영어로 '정크 푸드Junk Food'라 말하는 불량식품은 사실 음식이라기보다는 쓰레기에 가깝다는 뜻이라고 생각합니다. 2005년에 출판된 《과자, 내 아이를 해치는 달콤한 유혹》이라는 책을 보면 우리가 흔히 주변에서 사먹는 스낵이나 과자가 얼마나 황당하게 몸에 나쁜지가 잘 설명되어 있습니다. 저자는 제과회사에서 오랜 동안 근무하면서 자신과 아이가 과자를 무척 좋아했는데, 아들이 과자 때문에 몸이 망가지는 모습을 보면서 회사도 그만두고 과자의 비밀을 폭로하는 책을 썼습니다.

저는 아이들이 말귀를 알아들을 때부터 과자와 패스트푸드가 어떻게 나쁜지 설명하고 실제로 보여주었습니다. 아이들은 어릴 때 조금만 주의를 기울이면 개개의 식품이 어떤 영향을 끼치는지를 판별해낼 수 있습니다. 저는 아이들이 과자를 먹고 난 전후의 변화를 자세히 살핀 다음 아이들에게 그 인과관계를 자주 설명했습니다. 대부분 과자나 패스트푸드를 먹고 난 다음에는 얼굴이나 팔 등에 뾰루지들이 생겨납니다. 가끔은 두드러기가 나기도 합니다. 그때마다 아이에게 설명을 했습니다. 가끔은 심하게 체해서 고생을 하기도 합니다. 그러면 그 인과관계를 설명하고 다음부터는 먹지 않도록 해도 그 달콤한 유혹을 뿌리친다는 것이 쉽지는 않습니다. 여전히 그 유혹으로부터 자유롭지 못하지만 그래도 상당한 정도의 통제력을 발휘하고 있다고 생각합니다.

재미있는 일화가 하나 있습니다. 둘째 아이가 유치원과 초등학교 1-2학년 내내 얼굴에 계속 뾰루지가 나서 그 원인을 찾기 위해 고심했습니다. 병원에도 여러 번 데려갔습니다. 하지만 원인을 알 수가 없었습니다. 그러다가 3학년 때부터 대안학교로 옮겼는데 얼굴에 나는 것들이 거의 없어졌습니다. 그때는 '이제 좀 나아졌구나, 학교 스트레스 때문에 그랬나?' 하는 정도로 생각하고 넘어갔습니다. 그런데 이 녀석이 초등학교 6학년이 되어서 자수를 했습니다. "엄마, 아빠가 과자를 못 먹게 해서, 매일 학교 앞 가게에서 먹고 싶은 과자 사먹고 집에 왔어"라고 한 것입니다. 어릴 때부터 용돈을 주었기 때문에 가능한 일이기도 했는데, 저와 아내는 고백을 듣고 참으로 어이가 없었습니다. 다니던 대안학교 근처에는 가게도 없었습니다. 알고 보니 아이들이 선생님들과 노느라 정신이 없어서 과자 먹는 것에 집착하지 않게 되었답니다. 그래서 자연스럽게 과자 먹는 버릇이 없어진 것이었습니다.

몸을 관리한다는 것은 먹는 것도 중요하지만, 규칙적인 생활과 운동도 매우 중요합니다. 그래서 아이들이 어릴 때부터 자주 밖에서 함께 놀고, 주말이면 산에 오르고 강변도로를 같이 뛰고 자전거를 타는 시간을 자주 가졌습니다. 그리고 아이들이 초등학교를 다닐 무렵부터는 아내가 요가를 갈 때 아이들을 데리고 다녔고, 지금도 시간이 되면 함께 다닙니다.

둘째가 고등학생 때는 공부에 운동하는 시간을 내기가 어려웠을 텐데도 하교 길에 2km 정도의 길을 걸어오기도 하고, 아침,

저녁으로 스트레칭을 거실에서 하기도 했습니다. 스스로 적절히 운동을 하는 생활을 하도록 신경을 씁니다. 첫째 아이는 달리기, 등산, 웨이트 트레이닝 등을 좋아하고, 둘째 아이는 요가, 필라테스를 좋아합니다. 요즘도 두 아이 모두 규칙적으로 운동을 하며 지냅니다.

아이들이 초등학생 때, 수영장을 다니게 했습니다. 아이들은 자꾸만 물을 먹으니 수영장을 무척 싫어했습니다. 그래도 수영을 배우지 못하면 위험한 상황에 처하게 되는 경우가 많다고 말하며 꼭 배워야 한다고 설득했습니다. 결국 타협책으로, 수영을 잘 할 필요는 없지만 물에 빠져도 물을 먹지 않고 물에 떠 있을 수 있는 정도로만 배우면 더 이상 수영장에 다니지 않아도 된다고 합의했습니다. 아이들은 몇 개월 만에 기본 수영, 생존 수영을 할 수 있게 되었고, 그 다음부터는 수영장에 다니지 않았습니다.

··· 핵심역량 4: 마음 챙기기, 인생이 행복해지는 지름길

마음을 관리하는 일은 매우 어렵습니다. 그리고 마음 관리하는 법을 가르치는 것도 쉽지 않습니다. 내 마음을 관리하는 것도 어려운데 어떻게 아이들에게 스스로 마음을 관리하게 가르칠 수 있겠습니까? 그런데 오히려 아이들 마음 관리를 가르치는 일이 내 마음을 관리하는 방법을 익히는 과정인 것 같습니다. 제가 일관되게 가르치고 있는 마음 챙기기 법은 '마음의 상태를 보여주거나 말해주기' 그리고 '비춰주기mirroring'입니다.

"얘들아, 지금 아빠가 매우 신경이 날카롭구나. 그러니, 아빠가 조용히 있을 수 있도록 해주면 고맙겠다."

"지금 아빠가 화가 났어. 그런데 너희들 때문이 아니고, 회사 일 때문에 그래."

"아빠가 많이 힘들어!"

"아빠가 슬픈 일이 있었어!"

힘든 일이 있거나, 화가 나거나, 슬픈 일이 있을 때는 제 마음의 상태를 이야기해주고 아이들에게 안아달라고 합니다. 그러면 제 마음도 편안해지고, 아이들도 아빠를 위로해주었다는 기쁨을 느낍니다. 아이들의 마음이 격하게 움직일 때는 보이는 모습을 비춰주는 말을 합니다.

"네가 신경질이 났구나! 무엇 때문에 그러니?"

"우리 딸이 화가 많이 났구나!"

"우리 딸이 걱정이 많이 되는구나!"

이렇게 말하면서 꼭 안아줍니다. 그러면 아이들의 마음을 더 깊이 느낄 수 있고, 아이들도 마음이 가라앉습니다. 이렇게 마음의 상태를 객관화를 하고 나면, 오히려 문제가 쉽게 풀리는 것을 알게 됩니다.

화가 나거나 짜증이 날 때는 우선 바로 말을 하지 말고 조금 시간을 가지는 것도 필요합니다. 미국에서 박사과정을 할 때 어린이 프로그램 방송 시간대에 공익광고가 나오는 걸 보았는데, 내용은 마음이 격해질 때 잠깐 멈춰 심호흡을 하고, 10까지 마음속으로 숫자를 세어보는 일종의 마인드 컨트롤 기법을 알려주는 내용이었습니다. 비슷한 방법을 아이들에게도 알려주고 또 함께 해보는 일을 자주 합니다.

가끔 시간이 될 때 가족이 모여 서로에게 서운했던 일, 바라는 일, 미안했던 일 등을 나누도록 신경을 씁니다. 특히 매년 새해가 시작될 때는 카페에 가거나 여행을 가서 한해를 돌아보면서 서로에게 서운했던 일에 대해 이야기하고, 새해에 서로에게 바라는 점들을 말하는 시간을 꼭 갖습니다. 이렇게 서로에게 서운함이 쌓이지 않도록 하는 일이 마음을 관리하는 데 많은 도움이 됩니다. 아이들이 20대 중반이 되었으니, 거의 20년을 해오는 가족 행사가 되었습니다. 이 과정을 통해 아이들만 성장한 것이 아니라 저와 아내도 마음을 조금 더 차분히 다스릴 줄 알게 되었다고 생각합니다.

라캉은 "인간은 타인의 욕망을 욕망한다"고 했습니다. 이와 비슷하게 "인간은 타인의 응시에 의해 조각된다"는 말이 있듯이, 우리가 자신의 마음을 잘 이해하고 자신의 의지대로 삶을 살아간다는 것은 거의 불가능에 가깝습니다. 저도 그랬습니다. 어릴 때는 아버지, 어머니께 착한 아들이 되려고 했고, 학교를 다닐 때는 공부 잘하는 모범생이 되려고 무진 애를 쓰면서 살았습니다. 수십 년이 지나 그 모든 것을 벗어던지는데도 여전히 남겨진 타인의 욕망들이 제 마음 속에 남아 있음을 느낍니다. 아마 평생 벗어던지지 못할 짐들도 있을 것입니다.

그래서 저는 아이들을 키우면서 그런 짐들을 지우지 않아야 한다고 생각했습니다. 그런데도 아이들은 본능적으로 아버지와 어머니의 눈치를 보고, 또 스스로 부모의 기대가 무엇인지 추측하고 그에 맞추려고 합니다.

첫째 아이가 초등학교 4학년 때였던 것 같습니다. 하루는 첫째 아이가 자전거를 타고, 저는 뛰면서 안양천변 산책로에서 한두 시간 놀고 집으로 돌아오는 길이었습니다. 천변 옆으로 한 대학의 간판이 크게 보였는데, 그걸 보고 첫째 아이가 물었습니다.

"아빠, 저 대학은 무슨 대학이야?"

"응, 저기는 2년제 대학이야. 아빠가 알기로 저 대학에는 자동차 관련 학과들이 많고 유명해. 그런데 왜?"

"아냐. 그런데, 아빠 나도 서울대 가야 해?"

"그게 무슨 말이야? 네가 왜 서울대 가야 한다고 생각을 했는데?"

"사람들이 엄마, 아빠가 서울대 나왔으니까, 나도 서울대 가야 한다고 그러는 거 같아."

사람은 이렇게 타인의 욕망을 욕망하게 되고, 타인의 말과 시선에 의해 조각되어지는 것 같습니다. 안타까운 것은 타인의 욕망 그리고 타인의 말과 시선에는 자신만이 가진 욕망이나 관심 그리고 계획이 전혀 고려되지 않는다는 점입니다. 첫째 아이의 질문에 저는 이렇게 대답했습니다.

"아니야. 절대 그럴 필요 없어. 너는 네가 하고 싶은 걸 찾아가면 되는 거야. 네가 좋아하는 것, 하고 싶은 것이 저 대학에 있으면 가서 배우면 되는 거고, 서울대가 아니라 더 좋은 대학에 갈 수 있어도, 네가 좋아하는 것이 거기에 없으면 아무 의미 없는 일이야. 절대 남의 말에 눈치 보지 말고 엄마, 아빠 눈치도 보지 말고, 네가 하고 싶은 대로 살아! 아빠는 너도 동생도 그렇게 살았으면 좋겠어."

시간이 있을 때마다 저는 아이들에게 "삶은 스스로 결정하고 스스로 책임지는 것이다. 내가 너희들을 20세 혹은 25세까지 도울 수는 있지만, 결국은 너희들이 스스로 독립적으로 살아가야 한다. 모든 것은 선택의 몫이다"라고 말합니다. 제 마음을 잡는 것이 쉽지는 않습니다. 간섭하고 싶고 마음에 드는 곳으로 끌고 가고 싶은 욕망이 자주 마음 밑바닥에서 꿈틀거립니다.

어릴 때부터 아이들이 스스로 돈 관리하고, 물건을 선택하고, 방을 꾸미고 관리하고, 옷이며 각종 액세서리나 미용 관련된 것들도 모두 알아서 결정하도록 했습니다. 그래서인지 어려서부터 귀걸이도 하고, 머리 염색도 했습니다. 종종 마음에 안 드는 게 있을 때는 제 의견을 말하지만, 대부분 아이들에게 무시를 당합니다. 하지만 화를 내거나 서운하지는 않습니다. 다 생각이 다른 법이니까요. 요즘도 두 아이는 가끔 제 의견을 묻기는 합니다. 그러면 제 의견을 말합니다만, 여전히 대부분은 자기들 생각대로 합니다. 제 의견은 아이들이 별 비중 없이 참고할 뿐입니다.

아이들의 진로결정도 마찬가지입니다. 결국은 자신이 결정하는 사항입니다. 둘째 아이가 중 2 때, 학교를 그만둔다고 했습니다. 저는 아이에게 우리 사회의 상황과 예상되는 일에 대해 충분히 설명하고 이야기했지만, 결국은 자기의 결정대로 그만두었습니다. 1년 후에 검정고시를 준비하거나 대안학교를 다녀보라고 조언을 했지만, 아이는 다시 일반 중학교로 복학했습니다.

첫째 아이도 마찬가지입니다. 전공을 선택할 때도 대부분 자신의 의지를 중심으로 결정했습니다. 솔직히 마음 한편에서는 합격한 3개의 대학 중 좀 더 유명한 대학에 가길 바라는 마음이 있었지만, 첫째는 건축 중에서도 도시건축에 특화된 대학을 선택했습니다. 결국은 아이가 자신의 인생을 스스로 살아가도록 도와주는 일이 부모가 할 수 있는 최대이자 최선의 일인 것 같습니다.

돌아보면 저는 어려서부터 끊임없이 부모와 어른들의 눈치를 보며, 다른 사람의 시선에 저를 맞추며 청소년기를 보냈습니다. 그런 인생은 지속가능하지도 행복하지도 않았습니다. 부모님께는 무척 아픈 경험이었겠지만, 저는 20대를 부모로부터, 기존에 저를 둘러싼 시선으로부터 벗어나기 위한 독립투쟁에 바쳤습니다. 그리고 30대가 되어서야 스스로 제 삶을 살아간다는 느낌을 가질 수 있었습니다. 저는 아이들이 어려서부터 그렇게 살기를 바랐고, 지금도 그렇습니다.

···· 핵심역량 6: 타인과 주변에 대한 배려

마지막으로 주변 사람들, 타인, 지구를 같이 살아가는 사람들에 대한 배려와 관심이 중요합니다. 작게는 가족이나 친구에 대한 작은 배려, 주변에 어려움을 겪거나 고통을 받는 사람에 대한 관심, 크게는 전 지구적인 문제에 대한 관심을 갖도록 여러모로 애를 쓰고 있습니다. 아이들이 환경문제나 기아문제, 전쟁문제에 대해서도 어려서부터 관심을 가질 수 있도록 기회가 있을 때마다 같이 이야기하고 의견을 주고받는 시간을 가졌습니다.

최근에는 지구온난화, 원전문제, 여성차별과 동성애 문제, 노동권과 안전문제 등에 대해서 뉴스와 주변 이야기를 가지고 서로 이야기를 했습니다. 첫째 아이는 주거문제와 관련해 다양한 관심을 가지고 있습니다. 둘째 아이는 환경문제와 생태문제에 대해 관심이 많고, 공예와 요리에 흥미가 깊습니다. 이 주제들에 관해 자주 이야기를 나누고, 책을 같이 읽기도 합니다.

아이들이 화를 내거나 다른 친구들이 한 일에 대해 비난을 하면, 상황을 찬찬히 정리해보게 합니다. 그러고 나면 주어진 상황에서 입장을 바꿔보도록 합니다. 대부분의 다툼은 서로 자신의 입장만 고집하기 때문에 일어납니다. 입장을 바꿔 자신이 상대의 위치에 있었다면 어떤 기분이 들었을지 생각해보게 하면 금방 생각이 바뀝니다. 그렇게 상대도 나와 비슷한 생각을 가지고 있고, 비슷하게 느끼는 사람이라는 점을 인정하게 되면 다른 사람에 대한 배려가 조금씩 늘어납니다.

요즘은 중·고등학교에서 필수 봉사활동을 요청하기 때문에 매우 좋은 영향을 청소년기에 받을 수 있다고 생각합니다. 제가 어렸을 때도 봉사활동 프로그램이 있었으면 좋았을 것이라는 생각이 듭니다. 두 아이는 중·고등학교 시절에 봉사활동을 자신이 관심이 많은 쪽으로 할 수 있었습니다. 첫째는 건축에 관심이 많았기에 집 짓기 봉사활동이나 주거문제 관련 단체의 행사에 참여하는 경우가 많았고, 둘째는 생태와 공예활동에 관심이 많았기 때문에 생태 교란 식물 제거하기, 털모자 뜨개질해 기부하기 등과 같은 활동에 주로 참여했습니다. 다양한 봉사활동에 참여하는 일은 타인에 대한 관심과 배려를 배우는 매우 좋은 기회라고 생각합니다.

그동안 아이들을 낳고 키우면서 힘든 일도 많았고 재미있고 보람 있는 일도 많았지만, 이제 아이들이 20대이다 보니 무엇보다도 스스로 독립해서 살아가도록 하는 데 가장 많은 관심과 주의가 쏠립니다. 지난 25년을 돌아보면, 아이들과 함께 했던 일들이 아이들을 독립시키는 데 매우 중요한 토대가 되었다고 생각합니다. 자신의 돈과 물건, 시간, 몸과 마음을 잘 간수할 수 있다는 것과 주변 사람을 배려하면서 스스로의 삶을 살아갈 줄 아는 것은 하루아침에 이루어질 수 있는 일이 아닙니다. 어느 시점에서 완성이 되었다고 선언할 수 있는 일도 아닙니다. 그러나 그동안 해온 다양한 일들이 단단한 출발점으로 되어줄 거라 믿습니다.

아이들이 대학에 입학하고 나서 일종의 독립계약을 맺었습니다. 대학교 다니는 동안 1년 정도는 휴학이나 졸업 유예를 해도 무방하고, 대학을 졸업하고 3년이 지나면 용돈을 주지 않을 계획이고, 30세가 되면 독립을 하거나, 부모의 집에 기거할 경우에는 방세와 식비를 부담하기로 약속했습니다. 반드시 그럴 거라는 확약을 받으려는 목적보다는 스스로 독립한 성인으로 자신의 생활을 꾸려나가야 한다는 책임감과 계획을 갖도록 하려는 의도입니다.

물론 부모가 도와줘야 하는 면이 여전히 많겠지만, 그래도 아이들은 독립을 해야 한다는 점을 항상 염두에 두고 있는 듯합니다. 청년들이 진로로 고민 상담을 요청할 때도 비슷한 말을 합니다. 제가 아는 A가 성품이 안 좋은 지배인이 있는 레스토랑에서 계속 일을 해야 할지, 새로 관심을 가지게 된 일을 배우러 가야 할지 고민 중인데, 어떤 선택을 해야 할지 물었을 때 제 답은 간단했습니다.

"당신이 이제 30이 넘었는데, 부모의 돈으로 관심 있는 것을 새로 배우고 싶은 것은 무책임한 일입니다. 먼저 자신의 생활을 독립적으로 유지할 수 있는 방법을 찾으세요."

···· 포노사피엔스 부모의 보람

결혼하고 아이 둘을 키우면서, 이전의 나와는 상당히 다른 사람으로 천천히 변해왔습니다. 인생을 바라보는 관점이 크게 바뀌었습니다. 그 동안에는 표준적인 것, 객관적인 것, 흔히 사회적으로 인정받고 통용되는 것들을 중심으로 사고하고 생활했습니다. 하지만 아이를 키우면서 사람은 각자 자신의 빛깔과 모습을 지니고 태어나고, 저마다의 감각과 삶의 가치가 있고, 사람마다 생각과 느낌이 다를 수 있으며, 그 모든 것들이 온전히 수용되고 허용되고 나아가 존중받아야 한다고 생각하게 되었습니다. 결국 진정으로 '열린 사회의 적들'은 바로 제 안에 있었음을 알게 되었습니다. 이제는 세상의 모든 생명과 모든 존재가 다 의미가 있음을, 그것들 모두는 그 자체로 완전하고 아름다운 것임을 깊이 느낄 수 있습니다. 교육은 세상의 온전함, 생명과 모두의 삶이 자체로 돋보이도록 돕는 과정이어야 함을 깊이 느끼게 되었습니다.

아이들을 키우면서 배운 또 다른 한 가지는 포기하지 않고 믿고 기다리며 노력하는 자세입니다. 저는 아이들이 태어나서 자라는 과정을 매우 경이롭게 바라보았습니다. 특히 아무것도 할 수 없을 만큼 연약하게 태어나서 목을 가누고, 몸을 뒤집고, 네발로 기어 다니다가, 기어코 걷게 되는 과정과 아이들이 말을 배우는 과정을 보면서 커다란 감동을 받았습니다. 아이들이 목을 가누고 몸을 뒤집고 기어 다니다가 일어서서 걷기 위해서 얼마나 긴 시간 그리고 초인적인 노력을 기울이는지를 보면서 감탄하지 않을 수 없었습니다.

아이들이 '엄마'를 말하기 위해서 얼마나 많은 소리를 내고 반복하는지를 바라보고 있으면서 '경이로움이란 이런 것이구나' 하고 느꼈습니다. 수백 번, 수천 번도 더 실패하고도 여전히 도전하는 모습을 바라보면서, 내 인생에서 저렇게 끈질기게 노력한 것이 무엇이 있었던가를 생각해보았습니다. "아이들이 태어나서 걷고 말하기 위해서 기울이는 노력만큼만 집중한다면, 내가 진정으로 하고 싶고 해야 하는 것을 무엇이든 반드시 이룰 수 있겠구나"라는 깨달음을 얻었습니다.

마지막으로 저는 아이들을 키우면서 매우 겸손한 사람이 되었습니다. "세상에 내 맘대로 되지 않는 일이 참 많구나, 포기하고 수용하고 따라야 되는 일이 이렇게 많구나"라고 합니다. 그 동안은 내 맘대로, 내 뜻대로 하려고 했고, 또 대부분은 의도한 대로 되었던 측면도 있습니다. 하지만 아이들을 키우면서 자세가 바뀌었습니다. '내 뜻대로'가 아니고, '그들의 뜻대로' 하도록 수용하고 지지하고, 기다리는 법을 배우게 되었습니다. 내가 주장이 되어서, 리더가 되어서 끌고 가는 것이 아니라, 비서가 되어서 돕고 지지하고, 믿고 기다려야 한다는 것을 알게 되었습니다. 그리고 이 과정에서 내 것을 챙기고 소유하고 끌어오는 방식이 아니라, 허용하고 밀어주고면서도 어떤 보답도 기대하지 말아야 함을 알게 되었습니다.

부처가 아들을 낳고는 라훌라, 즉 '내 걱정거리, 혹은 인생의 짐'이라는 이름을 지어주었다고 하는데, 저도 한 때 가족이 그리고 내 아이들이 인생의 짐이라고 생각한 적이 있었습니다. 지금 돌이켜보면 매우 이기적이면서도 저 자신을 망가뜨리는 자해적인 생각이었다고 여겨집니다. 아이를 키우면서 가족을 통해 겪은 많은 일들이 모두 나를 깨우치고 단련시키고 또 충만하게 채우는 에너지라는 것을, '내 인생의 스승'임을, 사십이 훌쩍 넘어 알게 되었습니다. 한편으로는 매우 늦었지만, 긴 인생에서는 늦지 않은 터득이었다고 생각합니다.

스마트폰 시대의 우리 아이 공부법

포노사피엔스는
거꾸로 공부한다

최승복 지음
ⓒ 최승복, 2022

초판 1쇄 인쇄일 2022년 12월 15일
초판 1쇄 발행일 2022년 12월 22일

ISBN 979-11-5706-275-1 (03370)

만든 사람들

기획편집	배소라
책임편집	이병렬
디자인	이미경
홍보 마케팅	최재희 맹준혁
인쇄	한영문화사

펴낸이	김현종
펴낸곳	㈜메디치미디어
경영지원	이도형 이민주
등록일	2008년 8월 20일 제300-2008-76호
주소	서울시 중구 중림로7길 4, 3층
전화	02-735-3308
팩스	02-735-3309
이메일	medici@medicimedia.co.kr
페이스북	facebook.com/medicimedia
인스타그램	@medicimedia
홈페이지	www.medicimedia.co.kr